AI와 언어학

AI문고

인공지능 시대입니다. 기계가 인간의 인지를 대신하고, 사물이 인간을 통하지 않고 다른 사물과 직접 커뮤니케이션합니다. 이에 따른 인간 삶과 문명 변화를 정확히 이해·예측·대응하는 것은 이 시대 우리 모두의 과제입니다. AI문고는 인공지능 기술과 환경의 여러 주제를 10가지 키워드로 정리합니다. 관련 개념과 이론, 학계와 산업계의 쟁점, 우리 일상의 변화를 다룹니다. 인간과 기술의 현재, 미래를 세심히 분석합니다.

일러두기

- 인명, 작품명, 저서명, 개념어 등은 한글과 함께 괄호 안에 해당 국가의 원어를 병기했습니다.
- 외래어 표기는 현행 어문규정의 외래어표기법을 따랐습니다. 다만 '딥 러닝', '솔루션' 등은 관행을 따랐습니다.

처음이세요?

전문가세요?

AI와 언어학

이은송

대한민국, 서울, 커뮤니케이션북스, 2025

AI와 언어학

지은이 이은송
펴낸이 박영률

초판 1쇄 펴낸날 2025년 12월 2일

커뮤니케이션북스(주)
출판 등록 2007년 8월 17일 제313-2007-000166호
02880 서울시 성북구 성북로 5-11
전화(02) 7474 001, 팩스(02) 736 5047
commbooks@commbooks.com
www.commbooks.com

ISBN 979-11-430-0719-3 03500

책값은 뒤표지에 표시되어 있습니다.

차례

AI 시대, 언어학 패러다임의 전환

인간을 닮아 가는 AI

귀에 작은 노란 물고기 한 마리를 넣어 우주의 모든 언어를 실시간으로 이해할 수 있다면 어떨까? 이 기묘한 설정은 더글러스 애덤스(Douglas Adams)의 소설 《은하수를 여행하는 히치하이커를 위한 안내서》에 등장하는 '바벨 피시(Babel Fish)'에 관한 이야기다. 이 작은 상상 속 생물은 언어의 장벽을 완벽하게 허무는 소설 속 장치로 사용되었다. 오늘날 AI 기술이 발전하면서 허무맹랑한 공상 과학처럼 보였던 바벨 피시의 능력이 점차 현실에 가까워지고 있다. 현대의 바벨 피시와 같은 AI는 언어를 매개로 사람, 국가, 문화 사이의 벽을 허물고 자유롭게 소통하게 만든다. 이제 AI는 단순히 숫자를 계산하는 기계가 아닌, 인간처럼 '듣고', '이해하고', '말하는' 존재가 되어 가고 있는 셈이다.

'언어 능력'은 본디 인간이 가진 가장 본질적이면서도 고유한 특성이다. 인간은 태어나면서부터 소리를 듣고 모방하며 문장을 구성해 타인과 생각을 주고받는다. 언어는 단순한 의사소통의 도구를 넘어서 인간의 사고 및 타인과의 사회적 관계를 형성하는 메커니즘이기도 하다. 수많은 생명체가 의사 신호를 주고받지만, 문법과 상징체계를 기반으로 한 정교한 언어를 사용하는 존재는 인간뿐이다. '언어'는 이와 같이 인간을 규정하는 중요한 속성이기에 인간은 종종 '호모 로퀜스(Homo Loquens)', 즉 '말하는 인간'으로 불리기도 한다.

이제는 이 고유한 인간의 능력을 기계가 습득하고 있다. AI는 점점 더 정교하게 인간의 언어 활동을 모방한다. 이제 AI는 질문에 답하고, 시를 짓고, 논문을 요약하며, 다국어로 대화를 이어 나간다. 최근 AI는 문장 분석 수준이 아닌 창의적으로 언어를 생성하는 단계에 이르렀으며, AI가 인간을 닮아 가고 있음을 체감하게 한다. 하지만 AI가 진정으로 인간의 언어 능력 수준과 비슷해지기 위해서는 단순한 흉내 이상의 무언가가 필요하다. 인간처럼 언어를 다룬다는 것은 곧 인간의 사고방식을 이해하고 감정과 맥락 속에서 의미를 파악해야 함을 뜻한다. 바로 이 지점에서 언어학과 AI가 더욱 긴밀하게 연결된다.

언어학, 학문의 경계를 넘다

언어학은 언어의 구조와 기능에 관한 연구를 통해 인간이 어떻게 말하고, 의미를 만들어 내는지를 설명해 왔다. 형태론, 통사론, 의미론, 화용론 등 언어를 다양한 관점에서 분석하는 이 학문은 인간의 사고와 사회적 상호 작용 방식을 이해하는 틀로 작동한다.

언어학은 여러 하위 분야를 포괄한다. 먼저, 소리와 관련하여 크게 두 개의 세부 분야로 나눈다. '음성학(Phonetics)'은 언어 표현을 위해 소리를 만드는 조음 방식과 음성의 특징을 연구한다. '음운론(Phonology)'은 의미를 구별하는 가장 작은 소리 단위인 음소를 다루며, 소리 체계에서 음절 구조를 이루는 음소의 결합 방식도 분석한다.

단어의 형태와 배열에 초점을 맞추는 세부 분야도 있다. 의미가 있는 가장 작은 문법 단위를 '형태소'라고 하는데, 형태소는 서로 결합해 단어와 구를 만든다. 형태소로 단어의 내부 결합 구조를 고찰하는 학문이 '형태론(Morphology)'이다. '통사론(Syntax)'은 문장을 만들기 위해 단어가 배열되는 순서와 연결 규칙을 심층적으로 살펴보는 학문이다. 어휘 배열 순서에 초점을 맞추거나 중의성을 해소하고자 구성 요소의 계층 구조를 연구하는 것도 통사론의 역할이다.

언어의 또 다른 특징은 의미를 지닌다는 점이다. '의미론(Semantics)'은 단어와 문장의 의미를 해석하는 학문이다. 문장이 담고 있는 사전적 의미를 확장해 언어가 실 상황에서 뜻하는 바를 분석할 때는 '화용론(Pragmatics)' 개념을 이용한다. 의사소통 맥락, 발화 의도, 사회적 환경 및 조건에 따라 대화자가 주고받는 말이 다른 의미를 갖기 때문에 이를 고려해 언어의 의미를 검토한다.

앞서 언급한 하위 분야를 통틀어 '이론 언어학(Theoretical Linguistics)'이라고 한다. 전산학, 심리학, 사회학 등 다른 학문의 관점으로 언어 현상을 분석하기도 하는데, 이러한 분야를 '응용 언어학(Applied linguistics)'이라고 일컫는다.

언어학은 AI가 언어를 이해하고 생성하는 데 중요한 이론적 뼈대를 세웠다. 음성학과 음운론은 기계가 사람의 음성 특징을 분석하고 뜻을 해석하는 음성 언어 처리에 적용되었다. 형태론과 통사론은 자연어 처리 기술의 토대가 되어 기계가 인간의 글을 작은 단위로 쪼개고 분류해 언어를 생성하도록 도왔다. 의미론과 화용론은 자연어 처리와 음성 언어 처리에 모두 활용되는 분야다. 사용자의 의도를 있는 그대로 파악해야만 상황에 맞는 답변을 돌려줄 수 있기 때문이다.

오늘날 AI는 각양각색의 문체와 감정까지도 구현하면서 인간을 더욱 정교하게 모방하고 있다. 그러나 언어학적 지식과 개념 없이 완벽한 언어를 구사하는 단계에 도달하기란 힘들 것이다. 인간의 언어 능력과 동일한 수준인 AI를 만드는 것은 기술적으로 해결하기 어려우나, 언어학의 이론과 연구 결과는 문제 해결에 실마리가 될 수 있다.

한편 AI의 언어 생성 기술은 언어학 연구에 새로운 실험 환경과 노구를 제공했다. 과거에는 언어 이론을 설명하고 검증하는 데 오랜 시간이 걸렸지만, 오늘날에는 대규모 언어 모델(LLM, Large Language Model)을 이용하여 이론을 실시간으로 실험해 볼 수 있다. 덕분에 언어학은 너 이상 전통적인 인문학의 울타리 안에만 머물러 있지 않다. 인지 과학, 심리학, 사회학 등 다른 분야와의 접점을 넓히며 학제 간 융합을 확장해 나가고 있으며, AI 기술을 바탕으로 인간 언어 능력을 심층적으로 탐구한다. 또한 AI 덕분에 언어학은 연구실을 넘어 교육, 의료, 언론 등 여러 산업 현장에서 실질적으로 활용되고 있다.

언어학과 AI는 서로 다른 출발점에서 시작했지만, 점점 더 같은 방향을 향하고 있다. AI는 언어학 이론 없이는 인간의 언어를 정교하게 다룰 수 없으며, 언어학은 AI 기술로 자신의 이론을 실험하며 검증한다. 결국 AI와 언어학의 결합은 과학 기술과 인문학 사이의 경계를 허물며 서로의 발전에 디딤돌이 되어 주고 있다.

이 책의 구성

직장인 열 명 중 일곱 명이 AI 플랫폼을 사용할 만큼 AI의 영향은 매우 커졌다(이종욱, 2025). 요즘 사람들은 AI로 글을 쓰고, 번역하고, AI에 고민을 털어놓기까지 한다. 이와 같은 상황에서 기계는 인간의 언어를 어떻게 처리하는 걸까? 그리고 이 과정에 언어학이라는 학문은 어떤 역할을 하고, 어떠한 방식으로 기여하고 있을까? 질문에 답하기 위해 이 책에서는 AI가 인간의 언어를 다루는 방법과 그 과정에서 작동하는 언어학적 개념과 지식을, 언어학을 잘 알지 못하는 이도 이해할 수 있도록 최대한 쉽게 설명하고자 한다.

이 책은 자연어 처리, 기계 번역, 생성형 AI(Generative AI) 등의 기술을 언어학의 시선으로 풀어내 AI 시대에 언어학이 갖는 의미와 가능성을 제시한다. 또한 일상생활에 스며든 AI와 언어학의 결과물을 살펴보며 실제 산업 현장에서 사용되는 사례와 언어 연구의 방식의 변화도 함께 소개한다. 이에 언어학에 관심이 있거나 관련 연구를 진행 중인 이들에게는 AI를 활용한 연구 사례로 연구 방법론적인 인사이트를 제공하고, AI 기술 개발자에게는 고도화된 AI를 개발하는 과정에서 언어학이 갖는 중요성과 필요성을 전달하고자 한다.

이 책은 총 열 개의 장으로 구성되어 있다. 1장부터 3장에서는 AI와 언어학의 접점에서 시작하여 자연어 처리 기술이 인간 언어를 분석하고 해석하는 방법을 살펴본다. AI 기술 발전이 언어학의 전통적 연구 방식에 미친 영향을 조명하며, 기계가 인간처럼 언어를 이해하고 생성하는 능력을 갖추기까지의 여정을 탐구한다.

4장과 5장에서는 AI가 인간의 목소리를 인식하고 따라 말하는 기술을 알아보고, 언어 간 경계를 넘는 과정을 통해 실제 사용 환경에서 AI가 언어를 처리하는 방식을 고찰한다.

6장에서는 AI가 바꾼 언어 학습 방식과 학습 환경의 변화를 살펴본다. 7장은 AI 기술을 개발하고 그 성능을 평가하는 데 활용하는 언어 데이터 및 벤치마크를 소개하고, 언어 데이터 수집 및 활용 과정에서 제기되는 데이터의 편향성과 소수 언어의 배제 등 다양한 문제를 확인한다.

8장부터 10장에서는 언어학과 AI의 융합 사례 및 미래 전망을 다룬다. LLM이 자연어를 처리하는 과정과 언어학 분야에서 실험 도구로서 AI를 활용한 사례를 밝힌다. 또한 두 영역이 산업 현장에 적용되어 만들어 낸 결과를 찾아보고, 향후 인간 수준의 언어 능력을 갖춘 초고도 AI를 개발하기 위해 언어학이 기여할 수 있는 바를 제시한다.

과학 기술이 아무리 발전하더라도 언어의 뿌리를 설명하고 의미를 다듬어 주는 역할은 여전히 언어학의 몫이다. 이 책은 AI 시대에도 언어학이 왜 중요한지, 그리고 그 중요성이 왜 앞으로 더 커질 수밖에 없는지 그 이유를 전하고자 한다. AI 시대를 살아가는 우리가 언어를 새롭게 바라보는 데 이 책이 작은 도움이 되길 희망한다.

참고문헌

이종욱(2025.6.3). "직장인 10명 중 7명 "AI 사용 중"… 생산성 향상 체감". 경북일보.
https://www.kyongbuk.co.kr/news/articleView.html?idxno=4043301

01
AI와 언어학의 만남

언어는 인간만의 고유한 능력이라 여겨졌지만, 이제 AI도 언어를 이해하고 생성하는 시대가 되었다. 이 변화의 이면에는 언어학 이론과 데이터가 있다. 언어학은 AI가 문장을 분석하고 의미를 구성하며 맥락을 파악할 수 있도록 돕는 핵심 기반이 되어 왔다. 한편 AI의 등장은 언어 연구의 방식을 바꾸며 언어학을 새로운 지평으로 이끌고 있다.

AI와 1인 창업?

언어, 인간과 AI를 잇는 다리

언어는 인간이란 존재를 정의할 때 가장 기본이 되는 특성 중 하나다. 인간은 다른 존재와는 달리 언어로 사고하고, 의사소통한다. 최근 AI 기술의 급격한 발전으로 인간의 고유한 능력이라 여겨 왔던 언어 능력은 더 이상 인간의 전유물이 아니게 되었다.

컴퓨터가 언어를 이해하고 생성할 수 있게 된 데에 언어학이 이론적으로 이바지했다. 그리고 AI의 발전은 언어를 연구하는 방법에 새로운 변화를 이끌었다. 언어학과 AI는 상호 작용을 하면서 서로의 발전을 촉진하고 있다. 다른 두 분야가 맺고 있는 관계를 이해하기 위해 먼저 언어학이 무엇인지 살펴보고자 한다.

언어학의 역사

'언어학'은 인간의 언어와 관련한 여러 현상을 과학적인 방법으로 연구하는 학문이다(표준국어대사전). 나아가 언어학은 심리학, 사회학, 교육학, 의학, 공학 등 다른 학문과 결합하여 언어의 기능과 변이 등을 학제적으로 연구한다.

19세기까지 언어 연구는 경험주의에 기반한 방법론을 토대로 책, 신문, 음성 녹음 등 직접 경험할 수 있는 언어 자료를 수집하고 분석하며 진행되었다. 20세기에 들어 언어 현상을 체계적으로 설명하기 위해 가설을 설정해 실험을 진행하거나 가설을 뒷받침하는 자료를 검증하는 합리주의적 접근 방식을 취하게 되었다. 즉, 전 세계에 존재하는 언어를 경험적으로 연구하는 것에서 탈피하여 지식의 한 분야로 언어를 바라보게 된 것이다. 과학적인 연구 방법론을 적용한 언어학은 인간의 언어 이해와 생성에 관한 이론적 기틀을 만들었다. 이로써 언어는 현상적으로 바라보는 것이 아닌 하나의 지식 체계로 여기고 연구하는 대상이 되었다.

언어학자 노엄 촘스키(Noam Chomsky)가 등장하기 전에는 구조주의 언어학이 대세였다. 대표적인 구조주의 언어학자인 페르디낭 드 소쉬르(Ferdinand de Saussure)는 언어는 구성 요소의 집합이 아니며, 구성 요소가 관계를 맺고 상호 작용을 하는 것이라고 주장했다(강범모, 2020). 소쉬르의 구조주의 언어학은 유럽을 중심으로 발전해 나갔다. 같은 시기, 미국의 구조주의 언어학은 유럽의 것과 여러 가지 특징을 공유하면서도 다른 방식으로 변형되었다. 이것은 미국의 역사적 특이성에서 유래했는데, 아메리카 대륙에는 문자 체계를 갖추지 못해 기록된 적 없는 원주민 언어가 있었기 때문이다. 당시 미국 언어학자들은 원주민 언어를 사용하는 소수의 화자를 대상으로 그 언어를 탐구했다. 그들은 언어 구조에 관한 일반적인 이론을 구축하기보다 직접 보고 들으면서 언어 현상 자체에 초점을 맞추는 연구를 진행했다. 그 과정에서 객관적으로 관찰할 수 없는 언어의 의미나 의사소통 측면은 연구의 주요 관심사에서 벗어나 있었다.

언어학자 노엄 촘스키는 미국 구조주의 언어학의 한계를 꼬집었다. 촘스키는 인간의 뇌에는 언어 습득 장치(LAD, Language Acquisition Device)가 존재하며, 인간은 모든 언어에 공통된 문법 원리인 '보편 문법(Universal Grammar)'을 선천적으로 갖추어 태어난다고 보았다. 아이들이 모국어를 빠르게 습득할 수 있는 이유도 언어의 심층 구조, 즉 문장의 겉모습과 달리 그 안에 숨어 있는 근본적인 문법 관계가 보편 문법을 기초로 하고 있기 때문이다. 촘스키는 생성 문법(Generative Grammar)이란 개념도 제시했다. 그는 모든 언어는 유한한 규칙을 가지고 있으며, 이 규칙을 바탕으로 언어의 구성 요소를 체계적으로 조합하면 방대한 문장을 창조해 낼 수 있다고 주장했다.

AI 발전에 기여한 언어학

노엄 촘스키의 생성 문법은 복잡한 언어 규칙 체계를 정립하여 컴퓨터가 언어의 문법적 구조를 분석하는 기반이 되고, 컴퓨터 과학 분야에서 문맥 자유 문법과 같은 형식 언어 이론의 발전으로 이어졌다. 이 외에도 언어학에서 정립된 문법 규칙들은 컴퓨터가 구문을 분석하고 생성하는 알고리즘과 구문 분석기(Parser), 문법 검사기 등의 탄생을 이끌었다.

최근 AI 발전에 언어학이 이바지한 바가 크다. 말뭉치(Corpus)는 언어학자들이 수집하고 정리하여 만든 전산화된 언어 자원이다. 말뭉치는 기계가 언어를 처리하는 데 필요한 언어 정보를 제공하는 자료이며, AI 모델의 언어 능력을 평가하는 데 기준이 되는 핵심 요소다. 대표적인 예로, 1998년부터 약 10년간 '21세기 세종 계획'에 의해 만들어진 '세종 말뭉치'가 있다. 세종 말뭉치는 한국어 데이터를 전문적으로 구축한 결과물로, 연구자는 이를 연구에 이용할 수 있다. 국립국어원의 언어정보나눔터에서는 일상 대화, 지역어, 신문, 국회 회의록 등 폭넓은 주제의 말뭉치를 구축하여 제공하고 있다. 과학기술정보통신부 산하의 한국지능정보사회진흥원이 운영하는 AI허브(AI-Hub)에서도 문화 및 게임 콘텐츠 분야 용어 말뭉치, 온라인 구어체 말뭉치, 다국어 구어체 번역 병렬 말뭉치 등 다양한 분야의 고품질 언어 데이터를 찾아볼 수 있다. 체계적으로 정리된 언어 자원은 AI의 언어 이해와 생성 능력을 키우는 데 영향을 미치며, 언어를 비롯해 해당 언어권의 문화를 잘 이해하는 AI를 개발하는 데에도 도움이 된다. 이와 같은 이유로 언어정보나눔터는 AI의 한국어 능력을 종합적으로 평가하는 과제를 제시하여 연구자들에게 AI 모델의 성능을 개선하고자 하는 연구 목표와 동기를 부여하고 있다.

AI가 바꾼 언어 연구

언어학이 AI 기술의 발전에 기여한 것과 더불어 AI 기술의 발전 역시 언어학 연구 방법론에 큰 변화를 불러왔다. 소규모 자료나 직관에 의존하던 언어 연구는 대용량 데이터를 활용하고, 대규모 언어 모델(LLM, Large Language Model)로 언어 패턴을 분석하는 방식으로 전환되고 있다. 연구 방법의 전환은 실제 언어 사용 양상을 객관적으로 파악하고 가설을 검증하기 쉽게 만들었다. 과거에는 사람이 직접 수작업으로 수행했던 형태소 분석, 품사 태깅 등의 작업도 이제는 컴퓨터가 자동으로 처리하면서 연구 시간을 획기적으로 단축했다.

실제로 한국어를 분석하는 파이선 라이브러리인 '코엔엘파이(KoNLPy, Korean Natural Language Processing in Python)'는 한국어의 형태소 분석, 품사 태깅, 명사 추출 같은 여러 작업을 자동화하는 데 유용하게 사용되고 있다. 특히 생성형 AI(Generative AI)는 언어학 연구에 새로운 실험 도구가 되었다. 언어학 분야에서 AI를 연구에 활용한 사례는 8장 '대규모 언어 모델과 언어학의 융합'에서 상세히 언급하겠다.

언어학과 AI는 본디 인문학과 공학으로 다른 뿌리에서 출발했지만, 언어와 관계가 있다는 것이 공통점이다. 이질적이라 여겨지던 AI와 언어학은 지금까지 발전 방향을 함께해 왔다. 그리고 앞으로도 서로를 보완하며 발전해 나갈 것이다.

참고문헌

강범모(2020). 《언어: 풀어쓴 언어학 개론》. 한국문화사.
언어정보나눔터. https://kli.korean.go.kr
표준국어대사전. https://stdict.korean.go.kr/main/main.do
AI-hub. https://www.aihub.or.kr/
KoNLPy: 파이썬 한국어 NLP.
https://konlpy.org/ko/latest/index.html

02
읽고 쓰는 AI: 자연어 처리

AI가 인간의 언어를 읽고 쓰는 기술의 중심에는 자연어 처리가 있다. 인간의 언어를 수학적 구조로 바꾸는 기술인 자연어 처리는 대화형 AI, 번역, 감정 분석 등 다양한 영역에서 핵심 역할을 하고 있다. 언어학의 이론적 토대를 바탕으로 AI는 점점 더 인간다운 언어 능력을 갖춰 가고 있으며, 자연어 처리 기술로 인간과 기계의 소통 방식은 근본적으로 변화하고 있다.

AI와 MBTI?

'자연어 처리'란 무엇인가

인간이 사용하는 모든 언어의 형태를 '자연어'라고 한다. AI는 인간에 의해 자연적으로 만들어진 언어를 수학적인 개념으로 구현하여 이해하는데, 이를 '자연어 처리(NLP, Natural Language Processing)'라고 한다. 자연어 처리는 컴퓨터 공학과 언어학의 지식을 결합하여 기계가 인간의 언어를 분석하고 생성하는 기술이다. 자연어 처리 기술로 기계가 인간의 언어를 해석하면서 사람들은 기계와 더욱 자연스러운 방식으로 상호 작용을 할 수 있게 되었다.

시리(Siri)나 빅스비(Bixby)와 같이 휴대 전화에 탑재된 AI 어시스턴트(Assistant), 간단한 안내를 제공하는 챗봇, 스팸 메일 자동 분류, 번역 서비스에도 모두 자연어 처리 기술이 적용된다. 최근 중고 거래 플랫폼인 '당근'에 도입된, 사용자가 물건의 사진을 찍어 올리면 해당 이미지를 분석한 뒤 적절한 제목과 상품을 설명하는 문구를 자동으로 추천하는 기능이 대표적 사례다. 인간의 질문과 요청 의도를 분석하고 이에 걸맞은 유용한 텍스트를 생성하는 자연어 처리 기술은 인간과 기계 간 상호 작용을 원활하게 하여 일상생활의 편의를 높인다. 이번 장에서는 기계가 텍스트를 읽고 쓰는 능력을 갖추도록 만든 대표적인 AI 기술인 자연어 처리를 살펴보겠다.

자연어 처리의 언어 처리 단계

인간은 작은 단위에서 큰 단위로 순차적인 단계를 밟으며 언어를 익혀 나간다. 어린아이는 먼저 주변 환경으로부터 소리를 인식하고, 들은 소리를 따라 말한다. 이후 문법 구조와 맥락을 고려하며 말하고 점차 문자를 익혀 글을 쓰게 된다. 인간이 언어를 습득하는 과정과 비슷한 순서로 기계도 인간의 언어를 처리한다.

자연어 처리 기술이 인간의 언어를 처리하는 순서는 다음과 같다. 먼저 문장을 동사, 명사, 형용사와 같은 품사의 단위로 분해하여 어휘를 분석하는 어휘 분석 단계가 있다. 이는 마치 새로운 언어를 배울 때 의미 단위로 빗금(Slash)을 그어 가며 문장을 작은 단위로 나누는 것과 비슷하다. 이 단계에서는 의미를 갖는 최소 단위인 형태소 단위까지 분리한다. 예를 들어, '나는 학생이다'라는 문장이 있다면 '나', '는', '학생', '이', '다'로 나눈다.

가장 작은 단위인 형태소 단계에서의 분석이 끝나면 문장 내 단어 간의 관계를 파악하기 위해 문장의 구조를 파헤치는 구문 분석 단계가 이어진다. 구문 분석은 문장의 문법 구조를 분석하는 과정으로, 문장을 명사구, 동사구, 또는 주어, 목적어와 같은 구조로 나누어 식별한다. 다시 말해, 구문 분석으로 각 구들이 전체 문장에서 어떻게 결합하는지를 살펴볼 수 있다. 그리고 이 관계 형태를 손쉽게 정리하고자 문장의 각 구를 가지로 연결하여 트리 구조(Tree Structure)로 표현하기도 한다.

다음으로 주어진 맥락 속에서 문장의 의미를 구분하는 의미 분석 단계가 이어진다. 이 단계는 문장이 지닌 실제 의미를 확인하는 단계다. 의미를 분석하면서 기계는 문법적으로 옳은 문장이더라도 의미가 잘못된 문장을 추론한다. 예를 들어, '사람이 사과를 먹는다'와 '사람이 자동차를 먹는다'라는 두 문장이 있을 때, 둘 다 문법적으로는 옳으나 의미상 첫 번째 문장만이 타당하다. 의미 분석 단계에서 언어 모델은 첫 번째 문장이 의미적으로 적절하다고 판단한다.

의미 분석까지가 완료되었다면 이제는 분석한 문장을 전체 문맥과 연결 지어 의미를 분석하는 작업인 담화 분석(Discourse Analysis)이 이어진다. 동일한 문장이어도 어떤 문맥에 위치하는가에 따라 그 의미는 달라질 수 있다. '그녀는 시험에 통과했다. 그녀는 울었다'와 '그녀는 시험에 떨어졌다. 그녀는 울었다'라는 두 문장을 예시로 들면, 그녀가 흘린 눈물의 의미는 다르다. 이것은 문장의 전후 관계를 분석해야지만 파악할 수 있는데, 이 과정이 바로 담화 분석 단계에서 이루어진다. 이처럼 담화 분석까지 진행되어야 기계는 대화의 흐름을 파악하고, 사람의 질문에 자연스러운 응답이 가능하다.

자연어 처리에 기여하는 언어학

자연어 처리 기술로 언어를 분석하는 각 단계에는 많은 언어학 자원과 이론이 투입된다. 어휘 분석 단계에서 문장의 구성 요소들이 갖는 의미와 기능을 정확하게 분석하는 데에는 언어학자들이 만든 어휘 사전이 필요하다. 또한 문장 간 결합 구조를 파악하는 구문 분석 단계에는 통사론 개념이 적용된다. 단어와 문장의 중의적 표현을 해석하거나 동음이의어의 각 뜻을 문맥에 따라 구분하는 과정에서 의미 분석 또는 담화 분석을 할 때에는 의미론 개념이 중요하게 작용한다.

영어나 대부분의 유럽어는 띄어 쓰므로 어휘 분석 단계가 상대적으로 쉬운 편이다. 반면에 일본어와 중국어는 띄어 쓰지 않아 어떤 단어가 쓰였는지를 직관적으로 파악하기 어렵다. 한국어의 경우, 띄어쓰기 체계가 존재하지만 '은', '는', '이', '가', '을', '를'과 같은 조사가 붙어 단어 단위로 명확하게 쪼개지지 않는다. 따라서 의미를 지닌 단어를 기계가 정확하게 파악하지 못하면 단어를 잘못 분해하게 된다. 한국어 조사를 제대로 이해하지 못하고 '학생'이라는 뜻을 모른다면, '나는 학생이다'라는 문장을 '나', '는학', '생이', '다'처럼 잘못된 단위로 분석할 수 있다. 한국어는 띄어쓰기 위치에 따라 문장 구조가 달라질 수도 있기에 정확한 띄어쓰기 위치를 찾아 의미적 모호성을 줄여야 한다(Choi et al., 2021).

기계의 언어 분석을 어렵게 만드는 다양한 언어적 특징이 있다. 한 단어가 여러 개의 뜻을 가질 수 있으며, 단어가 띄어쓰기로 구분이 되어 있더라도 하나의 고유 명사일 수도 있다. 시간의 흐름에 따라 신조어가 계속해서 생겨나고, 같은 글자가 가진 뜻과 품사가 모두 다를 수도 있다. '보다'는 '무언가를 눈으로 바라보다'를 뜻하는 동사이지만, 비교 구문에서 사용되는 조사이기도 하다. 이러한 언어의 특성은 기계가 자연어를 쉽게 파악하기 어렵게 한다. 따라서 기계가 언어의 구성 요소를 정확하게 인식하고 해석하기 위해서는 언어별 특징을 잘 반영한 체계적 어휘 사전이 필요하며, 이를 만들려면 많은 언어학자의 노력이 뒷받침되어야 한다.

앞서 살펴봤듯이 자연어 처리 기술은 언어학 이론을 토대로 단어에서 문장 전체에 이르기까지 언어 구조와 의미를 분석하고 처리한다. 즉, 언어학 이론을 바탕으로 텍스트를 여러 계층으로 나누어 분석하고 구조화함으로써 기계는 자연어를 체계적으로 이해할 수 있게 되었다.

과거 자연어 처리 기술의 한계

과거 언어학을 기반으로 한 자연어 처리 기술은 명확한 한계점을 가지고 있었다. 기계가 인간의 언어를 처리하기 위해서는 사람이 직접 언어의 어휘 및 문법 규칙을 일일이 정의해야만 했다. 기계가 다루는 언어 범주가 늘어날수록 전문가가 담당하는 작업량이 폭발적으로 증가했고, 이는 시간과 비용의 문제로 이어졌다. 또한 특정 언어에 맞춰 구축된 모델은 다른 언어에 적용하기가 쉽지 않았다.

언어 범주를 확장하는 데에도 무리가 있었다. 시간이 흐를수록 언어는 지속적으로 변화하여 새로운 어휘와 표현이 만들어지기 때문이다. 사람들은 사용 빈도가 높은 어휘는 축약하여 말하기도 하며, 입력하는 과정에서 오타를 만들기도 한다. 언어 모델은 이러한 비정형적인 언어 사용의 변화에 유연하게 대응하기 힘들었다. 그 결과, 어휘 지식이나 문법 규칙만으로는 문자가 가지는 진정한 의미를 완전히 반영할 수 없었으며, 긴 문맥을 이해하는 데에도 한계가 있었다.

인터넷 기술의 발달로 방대한 언어 데이터가 축적되는 상황에서 GPU(Graphics Processing Unit)와 TPU(Tensor Processing Unit) 등 고성능 연산 장비가 만들어지면서 규칙과 통계 기반의 자연어 처리 기술은 기존의 한계를 극복하며 새로운 전환점을 맞이했다(Silvano et al., 2023). 사람이 일일이 언어 규칙을 정의하지 않아도 기계가 자동으로 언어 패턴을 학습할 수 있게 된 것이다. 새로운 방식으로 전환된 기술은 3장에서 이어 살펴보겠다.

참고문헌

Choi, J. M. et al.(2021). Automatic word spacing of Korean using syllable and morpheme. *Applied Sciences, 11*(2), 626.

Silvano, C. et al.(2023). A survey on deep learning hardware accelerators for heterogeneous hpc platforms. *ACM Computing Surveys, 57*(11), pp.1~39.

03
AI 기술의 진화와 언어학의 적응

AI 기술은 스스로 학습하는 머신 러닝을 거쳐 복잡한 의미와 문맥을 포착하는 딥 러닝과 트랜스포머 구조로 진화해 왔다. AI 기술의 발전에 힘입어 문장 생성부터 의미 분석에까지 이르는 AI의 언어 처리 능력은 놀랍도록 정교해졌다. 이 과정에서 언어학은 언어의 구조, 의미, 맥락 탐구를 통해 AI 기술의 방향을 제시하는 이론적 나침반이 될 수 있다.

AI와 난임 극복?

기계가 언어를 이해하는 기술의 등장, 머신 러닝과 딥 러닝

기계가 언어를 다루기 시작한 것은 제법 오래되었다. 컴퓨팅 파워가 뛰어나기 전에는 각 분야의 전문가가 컴퓨터에 직접 지식을 가르치는 '전문가 시스템'을 이용했다. 그러나 기계가 알아야 할 지식의 양이 방대하고, 전문가가 일일이 가르치기엔 시간도 비용도 많이 들었기 때문에 효율적이지 못했다.

머신 러닝

'머신 러닝(Machine Learning)'이 등장하면서 기계가 인간의 지식을 습득하는 속도와 효율이 급격하게 좋아졌다. 머신 러닝은 사람이 규칙을 하나하나 알려 주지 않아도 주어진 데이터를 기반으로 컴퓨터가 스스로 학습하고 패턴을 예측하며 작업을 수행하는 방식이다. 머신 러닝 기반의 초기 언어 처리 모델들은 단어 빈도나 N-그램(N-Gram)과 같은 통계적 특징을 입력 특성(Feature)으로 사용했으며, 언어 분포 특성을 잘 반영하여 품사 태깅이나 개체명 인식 작업에 효과적이었다.

기계가 인간처럼 스스로 배우는 데에는 여러 방법이 있다. 대표적인 학습 방식으로 지도 학습(Supervised

Learning), 비지도 학습(Unsupervised Learning), 강화 학습(Reinforcement Learning)을 꼽을 수 있다. 지도 학습은 문제와 정답을 함께 알려 주며 학습하게 만드는 방식이다. 문장이나 단어에 라벨을 추가하면 컴퓨터가 정답을 구분한다. 라벨은 모범 답안과 정답지 역할을 하는데, 데이터를 학습할수록 새로운 입력이 들어오더라도 정답에서 근거를 찾아 쉽게 처리할 수 있다. 이와 같은 방식은 감정 분석이나 스팸 메일 분류에 널리 사용된다.

비지도 학습은 정답을 제공하지 않고 컴퓨터가 데이터에서 자체적으로 패턴을 찾아내는 방식이다. 예를 들어, 고양이와 강아지 이미지를 컴퓨터에 입력하면 컴퓨터는 두 이미지 속 공통점과 차이점을 구분하고 데이터를 분류한다. 이 방식은 언어 데이터에도 적용할 수 있는데, 문장 속 어휘를 나누거나 단어 간 의미적 유사성을 파악하는 데 쓰인다. 정답이 없어도 방대한 양의 데이터만 있다면 AI는 빈번하게 함께 쓰이는 어휘군을 구분하고 같은 어휘군에 속하는 단어는 같은 주제에 해당한다고 추론한다.

강화 학습은 보상을 받아 긍정적인 방향으로 학습을 강화하는 방식이다. 기계는 데이터를 분석하면서 여러 선택을 시도하고, 좋은 결과를 도출할 때 인간으로부터 보상을 받는다. 그리고 보상을 최대화하는 선택이 무엇인지 찾아 간다. 2016년 이세돌 바둑 기사와 대국을 둔 구글 딥마인드(Google DeepMind)의 AI 바둑 소프트웨어 알파고(AlphaGo)가 강화 학습을 거쳐 개발되었다.

이 세 가지 학습 방식은 모두 인간 언어를 배우는 방식과 심히 유사하다. 정답을 발판으로 학습하는 지도 학습, 많은 예제 속 패턴을 스스로 익히는 비지도 학습, 실제 대화에서 상대 반응을 통해 배우는 강화 학습은 모두 AI가 언어를 처리하는 데 유용한 방법이다.

딥 러닝

그러나 복잡한 언어 특성 때문에 머신 러닝 기법만으로는 정교한 언어 처리가 힘들었다. 문맥에 따라 문장이 지닌 의미가 달라지고, 동일한 어휘라도 상황에 따라 전혀 다른 뜻으로 쓰이기도 하기 때문이다. 이러한 한계를 극복하고자 '딥 러닝(Deep Learning)' 기술이 언어 처리에 활용되기 시작했다. 딥 러닝은 인간 뇌의 뉴런 구조를 모방한 '인공 신경망(ANN, Artificial Neural Network)' 구조로 되어 있으며, GPU(Graphics Processing Unit) 등 고성능 연산 자원을 활용하여 다층 구조의 대용량 데이터를 분석해 복잡한 표현과 의미를 학습할 수 있도록 설계되었다.

딥 러닝의 발전은 언어학에서 제기해 온 문맥 정보의 중요성을 기술적으로 구현하는 방향으로 나아갔다. 예를 들어, '순환 신경망(RNN, Recurrent Neural Network)'은 단어를 순서대로 처리하며 앞의 정보를 다음 단계에 전달하는 구조를 가진다(Rumelhart et al., 1986). 그러나 입력을 처리하는 시간이 길어질수록 이전에 처리했던 문맥을 오랫동안 기억하지 못하는 한계가 있었다. 이를 극복하기 위해 '장단기 메모리(LSTM, Long Short-Term Memory)'가 등장하여 앞선 정보를 소실하는 RNN의 한계를 보완하고, 장거리 문맥 정보를 더 안정적으로 유지할 수 있게 되었다(Sherstinsky, 2020). RNN과 LSTM과 같은 순환 신경망 계열 모델은 입력된 단어들의 순서를 고려하고 문맥 정보를 반영할 수 있기 때문에 담화 분석이나 지시 표현 분석을 더욱 효과적으로 처리할 수 있었다.

RNN이나 LSTM 외에도 딥 러닝을 기반으로 한 자연어 처리 모델은 대부분 특정 과제에 맞게 설계되고 학습되어야 했다. 자연어 처리 과제로는 한 언어를 다른 언어로 번역하는 '기계 번역', 긴 글을 짧게 요약하는 '문서 요약', 문장에서 인물, 장소 등 특정한 정보를 추출하는 '개체명 인식', 주어진 문서나 질문에 답변을 생성하는 '질의응답' 등이 있다. 각 과제마다 요구되는 언어 이해 방식이나 데이터의 특성이 다르기 때문에 언어 모델은 한 과제에서 학습한 지식을 다른 과제에 바로 적용할 수 없었다. 결과적으로 트랜스포머(Transformer) 등장 이전의 기술로는 모델을 범용적으로 활용하기 어려웠고, 과제별로 별도의 학습과 설계가 필요했다.

트랜스포머의 등장

2017년, '트랜스포머'의 등장은 기존의 한계를 극복하는 전환점이 되었다. 이는 트랜스포머의 핵심 구성 요소인 '멀티 헤드 어텐션(Multi-Head Attention)' 덕분이다. 단어 간 거리와 상관없이 각 단어가 다른 단어에 어느 정도 주의를 기울이는지를 계산하는 메커니즘을 '셀프 어텐션(Self-Attention)'이라고 한다. 멀티 헤드 어텐션은 셀프 어텐션 계산을 독립적으로 수행하는 단위인 헤드(Head)를 여러 개 두고, 헤드마다 각기 다른 차원에서 언어 정보를 해석한다(Vaswani et al., 2017).

트랜스포머의 멀티 헤드 어텐션은 문맥 내 단어 간 관계의 중요성을 학습하기 때문에 통사적 구조와 의미 정보가 맺는 연관성을 정밀하게 파악한다. 멀티 헤드 어텐션의 일부 헤드는 인접한 단어에 주의를 기울이거나 특정 통사적 관계를 포착하는 등의 기능을 담당하며, 각 헤드의 언어 정보 처리 기여도는 서로 다르다(Voita et al., 2019).

버트

트랜스포머는 다양한 언어 모델로 분화되었는데, 대표적으로 '버트(BERT, Bidirectional Encoder Representations from Transformers)'와 'GPT(Generative Pre-trained Transformer)'가 있다. 먼저 구글에서 개발한 버트는 전이 학습(Transfer Learning) 기반의 언어 모델로, 기존의 자연어 처리 모델과는 다르게 사전 학습(Pre-training)과 미세 조정(Fine-tuning)의 두 단계로 나누어 학습을 진행한다(Devlin et al., 2019).

버트는 대규모 말뭉치(Corpus)로 비지도 학습을 하는 사전 학습 과정을 통해 언어의 일반적인 패턴과 문맥 관계를 학습한다. 이 과정에서 버트는 '문장의 가려진 단어 예측(MLM, Masked Language Model)'과 '다음 문장 예측(NSP, Next Sentence Prediction)'이라는 두 가지 새로운 사전 학습 방법을 시도한다. MLM은 입력 문장에서 무작위적으로 일부 단어를 가린 다음, 주변 단어의 문맥을 토대로 가려진 단어를 예측하는 방식이다. NSP는 두 문장이 연속된 문장인지를 예측하는 방식으로 문장 간의 관계를 파악하게 하여 버트의 맥락 이해도를 높인다. 이 두 방식은 버트가 텍스트를 양방향으로 분석하게 하는 데 효과적으로 작용한다.

사전 학습을 마친 모델은 라벨이 있는 특정 과업을 수행하도록 전이 학습을 시키는데, 이 과정에서 모델의 파라미터를 조정하는 미세 조정을 수행한다. 그 결과 버트는 주로 문맥을 기반으로 단어의 의미를 정확히 해석하거나 문장 간 유사도를 판단하는 등 '언어를 이해하는 작업'에 탁월한 성능을 보인다.

GPT

GPT는 버트와 달리 앞에서부터 순차적으로 단어를 예측하며 문장을 생성한다. 이는 마치 인간이 글을 쓸 때 단어들을 이어 나가며 문장을 만드는 것과 같다. GPT는 언어를 생성하는 능력을 갖추고 있어 사용자의 발화에 응답하며 자연스러운 대화를 이어 나간다.

GPT 계열 모델은 GPT-1부터 GPT-5까지 지속적으로 발전해 왔다. GPT-1은 라벨이 없는 대규모 말뭉치로 사전 학습을 진행한 뒤 태스크별로 미세 조정을 했다(Radford et al., 2018). GPT-1보다 파라미터 수가 열 배가량 증가한 GPT-2는 미세 조정 없이도 언어 태스크를 잘 수행했다(Radford et al., 2019). GPT-3은 파라미터 수를 175억 개로 늘려 모델의 자연어 이해, 기계 번역, 요약, 질의응답 등 다양한 과업에서 뛰어난 성능을 보였다(Brown et al., 2020). GPT-1부터 GPT-3까지 일련의 연구를 통해 오픈AI(OpenAI)는 모델의 규모를 키우는 것을 주요한 연구 방향으로 하여 대규모 언어 모델(LLM, Large Language Modcl)의 시대를 본격적으로 열었다.

GPT 모델은 그럴싸하게 이야기를 만들어 내지만, 그 속을 분석해 보면 특정 주제나 집단에 편향된 답변을 보이거나 사람에게 유해한 내용을 포함하여 응답하는 등의 문제점을 안고 있었다. 이를 해결하기 위해 '인간의 피드백을 기반으로 한 강화 학습 기법(RLHF, Reinforcement Learning from Human Feedback)'이 적용된 인스트럭트GPT(InstructGPT)가 개발됐다. 언어 모델이 생성한 응답 품질을 인간이 평가하고 피드백을 제공함으로써 언어 모델은 인간의 선호 답변을 학습할 수 있었다(Ouyang et al., 2022). 그 덕분에 이전 모델보다 응답의 진실성과 안전성을 동시에 높일 수 있었으며, 이는 대화형 AI 모델인 챗GPT(ChatGPT)의 토대가 되었다.

이후 GPT-4부터는 한 번에 처리할 수 있는 텍스트의 길이가 점차 늘어났으며, 이미지와 음성까지 통합적으로 실시간 처리가 가능한 대표적인 다중 양상(Multimodal) 모델로 자리매김했다(Achiam et al., 2023; Hurst et al., 2024).

자연어 처리의 응용 및 한계

자연어 처리 기술은 일상 곳곳에 널리 활용되고 있다. 자연어를 읽어 내는 '읽기' 기능은 텍스트에서 사람, 장소 등 고유한 명칭을 자동으로 추출하는 '개체명 인식'에 사용되며, 영화 후기나 댓글의 감정을 긍정과 부정으로 판단하는 '감정 분석'에도 활용된다. 기존의 자연어 처리 기술로 수행되던 텍스트 요약이나 질의응답과 같은 '쓰기' 기능은 LLM의 등장으로 그 성능이 크게 향상되었다. 이제는 컴퓨터가 문장 단위 그 이상의 장문 텍스트도 더 자연스럽게 작성할 수 있다.

언어 모델은 매개 변수를 급격하게 늘리면서 성능을 개선해 왔으며, 그 결과 매우 뛰어난 글쓰기 능력을 갖춘 생성형 AI(Generative AI)가 되었다. 그리고 언어 모델은 사용자의 질문에 자연스럽게 답하는 수준을 넘어서 인간의 고민을 분석하고 조언을 제공하는 수준에 이르렸다(Gale-Coleman, 2025). 현재의 기술로는 독자를 고려하여 문체를 조절하거나 사용자의 요구에 따라 맞춤형 콘텐츠를 생성하고, 소설이나 시나리오를 작성하는 등 창의적인 작업도 가능하다.

하나의 모델로 다양한 과제를 수행할 수 있는 현재의 자연어 처리 기술은 기존의 한계를 계속 극복해 왔으나, 여전히 고유한 한계점을 지닌다. 먼저 모델을 학습하고 AI 서비스를 운영하는 데 매우 큰 비용이 쓰인다. 여기에는 환경 비용도 포함하는데, GPT-4로 100개 단어를 포함하는 이메일을 하나 작성할 때 약 519ml의 물이 소비되는 것으로 알려져 있다(Verma & Tan, 2024). 다른 한계는, LLM의 훈련에 쓰이는 데이터가 사회적 편견이나 차별적인 표현을 포함할 때 모델은 이를 그대로 학습하고 재생산한다는 점이다. 또한 언어 모델은 훈련 시점 이후의 최신 정보를 실시간으로 반영하기가 어렵다는 단점도 있다.

언어 모델이 사용자의 프롬프트에 응답하는 과정에서 의도치 않은 부작용을 초래하기도 한다. AI가 거짓된 정보를 진술하거나 사실이 아닌 정보를 실제처럼 진술하는 현상이 발생하는 것이다. 사실이 아닌 정보를 AI가 창작하여 제공하는 현상을 '환각(Hallucination)'이라고 한다. LLM은 내부 메커니즘이 명확하게 드러나지 않는 블랙박스(Black Box) 구조이기 때문에 결과에 대한 해석 가능성이 작아 현재까지 정확한 원인을 밝히지 못하고 있다.

실시간 정보를 반영하지 못하고, 부정확한 답변을 생성하는 현상은 AI가 생성하는 결과에 대한 신뢰도와 언어 모델 사용자의 만족도를 떨어뜨리기에 관련 기관들은 이를 줄이고자 노력하고 있다. 대표적인 방식으로 '검색 증강 생성(RAG, Retrieval Augmented Generation)'이 있다. RAG는 언어 모델이 출력을 생성할 때 외부 데이터베이스에 저장된 소스를 참조하도록 하는 프로세스다. RAG를 활용하면 기계가 외부 데이터베이스에서 정보를 검색하고, 그 출처와 답변을 생성하기에 모델의 환각 현상을 줄일 수 있다. 하지만 현재 기술 수준의 RAG는 언어 모델 출력의 정확성을 100% 보장하는 해결책은 아니다. 따라서 사용자는 AI가 생성한 텍스트 내용을 무조건 신뢰하기보다 항상 사실 여부를 비판적으로 검토하는 태도를 가져야 한다.

참고문헌

Achiam, J. et al.(2023). Gpt-4 technical report.

Brown, T. et al.(2020). Language models are few−shot learners. *Advances in Neural Information Processing Systems, 33*, pp.1877∼1901.

Devlin, J. et al.(2019). Bert: Pre−training of deep bidirectional transformers for language understanding. *Proceedings of the 2019 Conference of the North American Chapter of the Association for Computational Linguistics: Human Language Technologies, 1*, pp.4171∼4186.

Gale−Coleman, E.(2025.3.16). I let ChatGPT analyze the chat history between my boyfriend and me. The AI system said my boyfriend is a better communicator. Business Insider. https://www.businessinsider.com/chatgpt−analyze−chat−history−between−girlfriend−boyfriend−2025−3

Hurst, A. et al.(2024). Gpt−4o system card.

Ouyang, L. et al.(2022). Training language models to follow instructions with human feedback. *Proceedings of the 36th International Conference on Neural Information Processing Systems*, pp.27730∼27744.

Radford, A. et al.(2018). Improving language understanding by generative pre−training.

Radford, A. et al.(2019). Language models are unsupervised multitask learners. https://cdn.openai.com/better−language−models/language_models_are_unsupervised_multitask_learners.pdf

Rumelhart, D. E. et al.(1986). Learning internal representations by error propagation. *Parallel Distributed Processing: Explorations in the Microstructure of Cognition. Volume1: Foundations*, pp.318∼362. MIT Press.

Sherstinsky, A.(2020). Fundamentals of recurrent neural

network(RNN) and long short-term memory(LSTM) network. *Physica D: Nonlinear Phenomena, 404*, 132306.

Vaswani, A. et al.(2017). Attention is all you need. *Advances in Neural Information Processing Systems, 30.*

Verma, P. & Tan, S.(2024.9.18). A bottle of water per email: the hidden environmental costs of using AI chatbots. The Washington Post. https://www.washingtonpost.com/technology/2024/09/18/energy-ai-use-electricity-water-data-centers/

Voita, E. et al.(2019). Analyzing multi-head self-attention: Specialized heads do the heavy lifting, the rest can be pruned. *Proceedings of the 57th Annual Meeting of the Association for Computational Linguistics,* pp.5797~5808.

04
듣고 말하는 AI: 음성 언어 처리

AI는 이제 사람의 말을 듣고 그 의미를 파악한 뒤 다시 자연스러운 음성으로 응답한다. 음성 언어 처리 기술은 음성과 텍스트의 경계를 허물며 기계와의 대화를 현실로 만들었다. 최근에는 음성과 텍스트, 시각 정보까지 통합해 이해하고 반응하는 다중 양상 언어 모델이 등장하며 인간과 AI의 소통 방식이 또 한 번 변화했다.

AI와 사주?

음성 처리 기술의 발전

AI는 인간의 언어를 텍스트로 처리할 뿐 아니라 음성을 인식하고 생성하기도 한다. 이를 가능하게 하는 것이 '음성 처리(Speech Processing)' 기술이다. 음성 처리 분야는 기계가 사람의 말소리를 입력받아 텍스트로 추출하는 음성 인식 기술과 텍스트로부터 말소리를 생성하는 음성 합성 기술을 포함한다. 기계가 음성 신호를 받아 인식하고 합성하기 위해서는 음성학과 음운론을 비롯한 언어학적 지식이 사용된다.

음성 인식은 전기 전자 공학의 음성 신호 처리와 컴퓨터 공학의 자연어 처리 그리고 언어학의 연구가 통합된 결과물이다. 기계가 인간의 음성을 자동으로 인식하여 텍스트로 변환하는 기술인 '자동 음성 인식(ASR, Automatic Speech Recognition) 기술'은 오래전부터 일상생활에서 널리 활용됐다. 휴대 전화에 글자를 입력하고자 할 때, 키보드 옆 마이크 버튼을 누른 상태에서 말하면 발화한 내용이 텍스트로 자동 변환된다. 스마트폰에 탑재된 AI 어시스턴트(Assistant)에게 오늘 날씨를 물어보면 인간의 음성을 텍스트로 변환한 후 관련 정보를 찾아 결과를 소리의 형태로 응답한다. 이러한 예에서 알 수 있듯이 ASR 기술은 사람의 음성 신호를 기계가 처리하는 형태의 데이터로 바꾸고, 어떤 단어가 발화되었는지를 예측한다. 이것이 가능한 이유는 각 음소가 서로 다른 고유한 주파수 특징을 지니고 있기 때문이다. 음향 신호의 주파수 패턴을 기반으로 음소 단위를 분석하여 AI는 인간의 음성을 인식할 수 있다.

인간의 말을 텍스트로 변환하는 기술뿐 아니라 텍스트를 사람의 목소리로 읽어 주는 기술 역시 우리 생활 속 다양한 곳에 쓰인다. '문자 음성 변환(TTS, Text-to-Speech)' 기술은 기계가 사람의 목소리를 구현하는 기술로, 지하철 안내 방송이나 가전 및 전자 제품에 내장된 음성 기능 등에 주로 사용된다. TTS 기술에는 여러 방식이 있는데 사람의 발성 기관에서 이루어지는 공명을 모방하여 소리를 만들어 내는 '포먼트 합성 방식'과 사람의 음성을 녹음하여 저장한 데이터를 이어 붙이는 '연결 합성 방식'이 대표적이다.

딥 러닝(Deep Learning) 기술이 적용되기 전, TTS 기술로 생성된 음성은 실제 사람이 말하는 것처럼 느껴지지 않을 만큼 부자연스럽고 딱딱한 억양을 보였다. 특히 데이터베이스에 저장된 억양과 속도만을 활용하기 때문에 감정 표현이나 억양 조절이 어렵다는 한계가 있었다. 이 한계를 극복하고자 딥 러닝 기반의 음성 합성 기술을 도입하면서 음성 처리 기술의 성능이 비약적으로 향상했다. 대규모 음성 데이터로 딥 러닝 모델을 학습시키면 기계가 글자와 소리 간의 대응 패턴을 스스로 학습하여 훨씬 자연스러운 소리를 출력할 수 있다.

한 예로, 2016년 딥마인드(DeepMind)에서 발표한 웨이브넷(WaveNet)은 딥 러닝 기술을 적용한 모델로, 음파를 시간 순서대로 샘플 단위로 예측하며 음성을 생성하는 방식을 사용했다(Van Den Oord et al., 2016). 그 결과, 웨이브넷은 기존의 음성 합성 방식과는 달리 실제 사람이 말하는 듯한 자연스러운 억양과 음질을 구현했다. 또한 발화자의 특징을 포착하고, 이를 조절함으로써 원본과는 다른 화자의 음성을 생성하는 것도 가능하게 했다.

다만, 당시 기술로는 음성 합성 속도가 매우 느린 편이었는데 '타코트론(Tacotron)'(Wang et al., 2017), '패스트스피치(FastSpeech)'(Ren et al., 2019), VITS(Kim et al., 2021) 등 후속 연구들이 뒤를 이어 음질과 음성 생성 속도 또한 크게 개선되었다. 이러한 기술 발전 덕분에 스마트폰의 음성 어시스턴트나 내비게이션 등 전자 제품 안내 음성도 과거에 비해 자연스러워졌으며, 최근에는 유명인의 음성 데이터를 학습하여 동일한 억양과 목소리를 재현할 수 있게 되었다.

음성 처리의 도전 과제

상당한 기술 발전에도 불구하고 사람의 말을 기계가 정확하게 인식하는 것을 어렵게 하는 언어적 특성이 몇 가지 있다. 인간이 말하는 방식은 글을 쓰는 방식과 상당히 다르며 실제 대화 상황에서 문어체인 완벽한 문장을 사용하는 경우가 드물다. 사람은 말할 때, 말을 중간에 끊거나 문장을 끝맺지 않기도 하며 '음…', '어…'와 같은 메꾸기 표현(Filler)을 사용하거나 '커피 좀…'처럼 단어로만 구성된 불완전한 표현으로 의미를 전하기도 한다.

기계가 생성한 소리가 인간이 말하는 듯한 자연스러움을 갖추기는 힘들다. 대표적으로 강세에 의해 문장의 리듬을 형성하는 '강세 박자 언어(Stress-timed Language)' 영어를 예로 들 수 있다. '음절 박자 언어(Syllable-timed Language)'인 한국어와 달리 영어는 강세를 받는 두 음절 사이의 시간 간격이 거의 일정하도록 발화 속도와 리듬을 조정한다. 영어 화자는 강세 음절을 연달아 발음할 때, 강세 충돌을 피하고자 특정 부분을 약하게 표현하거나 강세의 위치를 바꾸기도 한다. 강세를 받지 않는 음절이 연이어 나타날 경우, 일부 비강세 음절에도 약한 강세를 가미해 운율을 만든다. 전치사와 관사처럼 문법적 기능을 담당하는 '기능어(Function Word)'는 빠르게 또는 작게 발음하며, 의미를 강조하고 싶을 때는 강세를 받지 않는 음절에 의도적으로 강세를 부여하기도 한다. 이처럼 인간은 발화할 때 강세를 조정하거나 발음을 축약하면서 개별 어휘가 갖는 고유한 강세 패턴을 바꾼다. 인간이 만드는 발화 리듬은 기계가 사람의 음성을 정확히 습득하고, 완벽하게 재현해 내는 것에 제약을 준다.

이 외에도 억양, 강세, 발화 속도 등 음향적 특성은 화자의 감정과 태도를 내포하고 있으나 텍스트에 담기지는 않는다. 이처럼 음성 언어 처리 시스템은 텍스트 처리 외에도 고려해야 할 변수가 많다. 단어 수준을 넘어서 소리의 맥락이나 화자의 의도를 정확하게 파악해야지만 인간 수준에 가까운 언어 이해가 가능하다. 최근에는 구어체를 심층적으로 분석하고자 언어학적 지식을 활용하는 연구가 활발하게 진행 중이다.

음성 처리 기술의 실제 활용 사례

사람의 말을 듣고, 맥락에 맞게 답변하는 AI를 만드는 데에 음성 언어가 가지고 있는 속성을 활용한 기술이 필수적이다. 현재는 사람과 비슷한 수준으로 발전된 음성 처리 기술을 여러 곳에서 활용하고 있다.

먼저, 음성 처리 기술은 애플(Apple)의 시리(Siri), 삼성의 빅스비(Bixby)와 같은 AI 어시스턴트 외에 AI 스피커에도 적용이 되어 있다. AI 스피커는 음성 인식 AI 비서가 탑재된 스피커로, 구글(Google)의 네스트 오디오(Nest Audio), 에스케이텔레콤(SKT)의 누구(NUGU), 케이티(KT)의 기가지니(GiGA Genie)가 대표적이다. AI 스피커 사용자는 음성으로 명령하여 풍부한 기능을 사용한다. 음성으로 질문하면 AI 스피커는 날씨, 뉴스, 시간 등 사용자가 원하는 정보를 검색하고 그 결과를 즉각적으로 제공한다. 또한 음성 명령으로 가전제품이나 조명을 켜고 끄는 등 원격 제어도 가능하다. '살려 줘'와 같이 특정 문장을 AI 스피커가 인식하면, 119에 신고가 될 수 있도록 하여 응급 상황에 즉각적으로 대처할 수 있기도 하다(소민영, 2023).

이 외에도 음성 언어 처리 기술은 장애가 있거나 치매 등으로 일상생활에 어려움이 있는 사람에게 필요한 보조 도구로서도 활용된다. 뇌경색이나 뇌졸중 등 신경계 손상으로 발생하는 언어 장애로, 말하기에 사용되는 근육의 움직임과 조절 능력에 이상이 생긴 것을 '마비 말 장애(Dysarthria)'라고 한다. 음성 처리 기술은 마비 말 장애를 자동으로 진단하거나 환자가 집에서 스스로 언어 훈련을 할 수 있도록 디지털 의료 기기에도 활용 중이다. 치매 환자나 독거노인을 위한 AI 돌봄 로봇도 마찬가지다. AI 돌봄 로봇은 돌봄이 필요한 고령자나 환자의 일상을 돕는 도구로, 말벗이 되어 주거나 식사 및 복약 알림을 제공하고 긴급 상황 시 응급 신고까지 도맡는다.

다중 양상 AI와 언어학

전기 · 전자 공학과 컴퓨터 공학, 언어학 등 학제적 연구의 결과로 음성 인식, 텍스트 이해, 음성 합성이 하나로 통합된 다중 양상(Multimodal) AI가 출현했고, 이는 기계와 인간이 자연스럽게 대화하도록 이끌었다. 오픈AI(OpenAI)에서 발표한 GPT-4o가 대표적인 예다. 이 다중 양상 모델은 사용자의 음성을 실시간으로 인식하고 다시 자연스러운 목소리로 응답한다(Hurst et al., 2024).

최근 카카오에서 공개한 언어 모델인 '카나나-o'는 국내 최초의 다중 양상 모델로, 발화할 때 나타나는 억양이나 목소리 떨림과 같은 비언어적 신호를 음성 감정 인식 기술로 포착하여 맥락에 맞춰 반응한다. 한국어의 어미 변화나 통사 구조 등을 학습하여 제주도, 경상도 등 지역 방언을 표준어로 바꾸어 자연스럽게 음성을 생성하는 것도 가능하다. 이처럼 실제 사람과 말을 주고받는 듯한 느낌을 선사하는 언어 모델을 구현하려는 노력은 AI와 언어학의 결합으로 진화하는 중이다.

오늘날 AI는 사람의 말을 인식하여 텍스트로 변환하고 맥락을 이해하며 다시 자연스러운 음성으로 응답한다. 이러한 음성 처리 기술의 발전은 언어학적 연구를 토대로 한다. 음소 간의 차이를 구분하려면 음운론적 분석이 필요하며, 음성에서 변환된 텍스트의 구조와 의미를 이해하기 위해서는 통사론과 의미론적 기술 분석이 필수다. 담화 분석과 화용론적 접근은 실제 대화에서 자주 나타나는 발화 중단, 반복, 불완전한 문장, 억양 등 구어적 특성을 처리하는 데 필수 요건이다. 언어학 연구를 통한 풍부한 언어적 자원을 바탕으로 기계는 단순 텍스트 처리 수준을 넘어 음성과 문맥을 한 번에 이해하는 통합적 언어 모델로 진화한다.

참고문헌

소민영(2023.5.8). "SK텔레콤, "아리아, 살려줘" AI 돌봄 서비스로 긴급 구조 500건 돌파". Social Value. https://www.socialvalue.kr/news/view/1065574529820181

Hurst, A. et al.(2024). Gpt-4o system card.

Kim, J. et al.(2021.7). Conditional variational autoencoder with adversarial learning for end–to–end text–to–speech. *International Conference on Machine Learning*, pp.5530~5540.

Ren, Y. et al.(2019). Fastspeech: Fast, robust and controllable text to speech. *Proceedings of the 33rd Conference on Neural Information Processing Systems*, pp.3171~3180.

Van Den Oord, A. et al.(2016). Wavenet: A generative model for raw audio.

Wang, Y. et al.(2017). Tacotron: Towards end–to–end speech synthesis.

05

언어의 벽을 넘은 AI: 기계 번역

AI는 언어 간의 경계를 넘어서는 데 도구가 되었다. 규칙 기반에서 통계 기반, 그리고 신경망 기반 번역으로 이어진 기술 진화는 문장 구조에 맥락과 뉘앙스까지 고려한다. 이제 AI는 단어와 단어를 단순히 대응하는 것이 아니라 문화, 상황, 화자의 의도마저 파악하여 훨씬 더 자연스러운 번역을 가능하게 한다. 나아가 다중 양상 모델은 소리, 글, 감정까지 아우르며 번역의 경계를 넓히고 있다.

AI와 아이돌?

기계 번역의 역사와 도약

AI 기술이 접목되는 많은 분야 중 언어 장벽을 극복하도록 돕는 영역은 '번역'이다. AI 기술을 기반으로 한 번역 기술이 등장하기 전에는 인간이 직접 정의한 문법 규칙과 사전을 토대로 번역을 수행하는 '규칙 기반 기계 번역(RBMT, Rule-Based Machine Translation)' 기법이 널리 사용되었다. RBMT 기법이 적용된 대표적인 예로, 1960년대 개발된 기계 번역 시스템인 '시스트란(SYSTRAN)'이 있다. 시스트란은 미국 국방부와 유럽위원회에서 실제로 번역 업무를 지원했다. 그러나 초기 RBMT 기술로는 단어의 풍부한 의미나 문맥을 효과적으로 반영하지 못했고, 규칙으로 정의되지 않는 뜻을 담은 문장이나 관용 어구를 정확하게 번역하기 어려웠다.

1990년대에 들어 대량의 말뭉치(Corpus)로부터 언어 단위의 출현 확률을 계산하여 가장 가능성이 높은 표현을 찾아 번역하는 '통계 기반 기계 번역(SMT, Statistical Machine Translation)' 기법이 등장했다. 이 방식은 규칙 기반 번역 방식보다 유연한 문장 구성 방식을 갖추었으나, 여전히 문장 내 앞뒤 문맥을 파악하지 못한 채 통계적으로 빈도 높은 어휘 대응만을 선택하는 경향이 있었다. 이 특성 때문에 맥락에 의존적인 동음이의어 해석이나 대명사 지시에 오류가 빈번했다. 또한 관용 표현이나 문화적 함의를 포함한 구절을 제대로 번역하지 못하는 한계도 여전했다.

'신경망 기계 번역(NMT, Neural Machine Translation)'의 등장은 기존 기계 번역의 문맥 처리 한계와 어색한 표현 생성 문제 극복에 전환점이 되었다. NMT는 그 이름에서 추측할 수 있듯이 딥 러닝(Deep Learning) 기반의 인공 신경망에 입력 문장을 차례대로 인코딩한 후 전체 문맥 정보를 반영해 자연스러운 번역을 생성한다. 또한 수많은 병렬 문장 쌍을 학습하면서 단어의 순서와 문장 속 구문 패턴, 그리고 짧고 명확하게 기술하기 어려운 미묘한 뉘앙스까지 반영한다.

전통적인 기계 번역 시스템은 각 언어 쌍마다 별도 모델을 필요로 했지만, 신경망 기계 번역 기법의 경우 모델 구조를 변경하지 않고도 다국어 번역이 가능하다. 한 연구에 따르면, 영어와 일본어 그리고 영어와 한국어 데이터로만 훈련된 모델은 직접 학습하지 않은 일본어와 한국어 간 번역까지도 해냈다(Johnson et al., 2017). 딥 러닝 기술 덕분에 추가적인 번역 데이터나 훈련 없이도 이전에 한 번도 본 적 없는 언어 쌍까지 번역하는 능력을 갖추게 된 것이다.

2010년대 이후 구글(Google)과 네이버는 자사 번역 서비스에 신경망 기계 번역 기법을 도입했다. 그 덕에 번역 정확도는 비약적으로 향상했고 사용자 만족도 또한 높아졌다. 특히 네이버 파파고는 한국어의 존대어와 높임말도 자연스럽게 처리해 호평을 받았다.

번역을 어렵게 하는 언어의 섬세함

AI 기술로 자연스럽고 정확한 번역 결과를 생성하게 되었으나 몇 가지 언어학적 특성은 여전히 한계로 남아 있다. 대표적으로 발화 상황에 따른 지시어나 인칭 대명사의 지칭, 존댓말, 지역 방언은 AI가 정확하게 처리하기 힘든 요소다.

영어 단어 'you'를 한국어로 번역하면, 친근한 대상에게는 '너', 부부 사이에는 '여보'나 '당신', 웃어른을 지칭할 땐 '선생님'이 된다. 적절한 단어 선택은 단어 자체가 아닌 상황적 맥락과 발화 의도 등 화용론적 요소에 의해 결정된다. 즉, 자연스럽게 번역하려면 화용적 맥락까지 고려하여 상황에 맞는 단어와 어조를 선택해야 한다. 만약 번역 시스템이 이를 적절히 반영하지 못할 시, AI는 맥락에 어울리지 않거나 무례한 문장을 생성한다.

지역 방언 역시 어휘, 억양, 구문 구조 등에서 표준어와 차이가 있어 표준어를 기반으로 한 데이터만으로 학습한 모델은 지역 방언을 올바르게 처리하지 못한다. 예컨대 경상도 방언 '짭다'는 '맛이 짜다'를 의미하는데, 이를 사전 학습하지 않은 시스템은 의미를 구분하지 못해 오류를 생성한다.

이 외에도 비꼬기나 반어법과 같은 암시적 의미를 지닌 표현도 AI가 텍스트만으로 해석하기 어려운 언어 요소다. 이는 발화 억양이나 상황적 단서에 의해 의미가 달라지기 때문이다. '잘한다'라는 문장은 말 그대로 특정 행위나 성과에 관한 칭찬일 수도 있으며, 반대로 제대로 수행하지 못한 것에 대한 비난으로도 해석할 수 있다. 문장의 숨은 의도는 주로 발화하는 억양과 맥락에 의해 파악할 수 있기에 표면적 어휘 자체만으로는 미묘한 뉘앙스 차이를 구분하기 어렵다.

단일 문장이 아닌 문장 간 맥락과 담화 수준에서 번역 품질의 일관성을 높게 유지하는 데에도 AI는 한계를 보일 수 있다. 한국어에서 '님'이나 '당신'이라는 어휘는 문맥에 따라 여성일 수도, 남성일 수도 있다. 따라서 전후 문맥에서 추측한 성별과 호칭을 일관되게 번역해야만 정확한 번역 결과가 나온다.

이처럼 언어적 특성으로 발생할 수 있는 난점을 극복

하고 번역 서비스 품질을 높이려면 다각도의 접근이 필요하다. 이를 위해 모델 훈련 시 언어가 사용되는 사회·문화적 배경, 언어 자원, 그리고 담화적 맥락을 모두 고려해야 한다.

텍스트를 넘어선 번역

최근에는 텍스트 외 요소도 고려하는 다중 양상 번역 연구도 활발하게 이루어지고 있다. 예를 들어, 메타(Meta)가 선보인 심리스M4T(SeamlessM4T)는 최초의 올인원 다중 양상 다국어 번역 AI 모델로, 최대 100개의 언어 간 음성 입력을 음성 또는 텍스트 출력, 텍스트 입력을 텍스트 또는 음성 출력으로 전환할 수 있다(Barrault et al., 2023). 또한 문장에 쓰인 이모지를 통해 화자가 느끼는 감정 상태나 화자의 숨은 의도를 보완적으로 이해하려는 시도도 있다(Klein et al., 2024).

AI 기반 번역 시스템은 문체, 정중도, 어조까지 조절하는 사용자 맞춤형 번역 시스템을 구현하는 방향으로도 발전하고 있다. AI 기반 언어 번역 기업인 딥엘(DeepL)에서 제공하는 클래리파이(Clarify) 기능은 사용자와 AI의 상호 작용을 가능하게 하여 번역 품질 개선을 돕는다. 클래리파이 기능을 사용하면, AI는 사용자가 입력한 문장에서 의미가 모호한 표현을 감지했을 때 번역에 앞서 사용자 의도와 문맥을 해석하고자 질문을 던진다. 그리고 사용자 응답에 따라 맥락에 맞는 번역을 완성한다. 또한 딥엘 번역 서비스는 사용자가 원하는 번역 스타일을 반영하여 격식을 갖춘 정중한 표현이나 비격식적인 표현 등 상황에 맞는 어조로 최적의 결과를 제공한다.

현재 AI 기술을 활용한 번역 서비스는 단순히 텍스트를 치환하는 것을 넘어서 지역 방언, 문체, 이모지 등 다중 양상 정보를 동원해 관련 상황에 걸맞은 결과 산출을 목표로 한다.

저자원 언어의 번역

전 세계에 존재하는 수천 개 언어 중 AI 번역 시스템이 실제로 다루는 언어는 일부에 불과하다. 이는 해당 언어 데이터에 대한 접근 용이성 및 사전 학습 데이터양과 밀접한 관련이 있다.

언어의 사용자 수가 적거나 해당 언어로 작성된 자료가 충분하지 않은 언어를 '저자원 언어(Low-resource Language)'라고 한다. 저자원 언어는 번역 모델 훈련에 필요한 데이터 자체를 확보하기가 어려워 번역 성능이 현저하게 낮아지는 경향이 있다. 이 문제를 극복하기 위해 IT 기업들은 AI 기술로 희소 언어 번역 서비스 지원을 확대하고 있다. 2022년 구글은 자사 번역기에 24개 언어를 추가했는데, 대부분이 병렬 데이터가 거의 없는 소수 사용 언어였다(Caswell, 2022). 이것이 가능했던 이유는 자체 웹 크롤링과 언어 식별 기술로 텍스트를 모아 언어 모델이 스스로 훈련하는 방법을 사용했기 때문이다.

기술의 발전만으로는 저자원 언어의 번역 성능을 강화하기 어렵다. 우선 언어 데이터를 체계적으로 구축하고 정제하는 작업이 필요하며, 여기에는 언어학자의 참여가 필수적이다. 특히 각 언어가 지닌 고유한 문자 체계나 복잡한 형태론적 구조 등을 반영하기 위해서는 해당 언어에 능통한 현지 화자와 언어학 연구자들이 긴밀하게 협력해야 한다. 참여자 간 협력 관계가 지속된다면 현재 AI 기술에서 소외된 언어도 번역 기술의 혜택을 누리게 될 것이다.

참고문헌

edwin.ai & james.e(2025.5.1). "이미지와 음성을 아우르는 카카오의 멀티모달 언어모델 Kanana-o 알아보기". 카카오 공식 테크 블로그. https://tech.kakao.com/posts/702

Barrault, L. et al.(2023). SeamlessM4T: Massively multilingual & multimodal machine translation.

Caswell, I.(2022.5.11). Google Translate learns 24 new languages. Google Blog.
https://blog.google/products/translate/24-new-languages/

Johnson, M. et al.(2017). Google's multilingual neural machine translation system: Enabling zero-shot translation. *Transactions of the Association for Computational Linguistics, 5*, pp.339~351.

Klein, L. H. et al.(2024). Emojinize: Enriching any text with emoji translations.

06
AI와 언어 교육

AI는 인간이 언어를 학습하는 방식 자체를 바꾸고 있다. AI는 개별 학습자 수준과 목표에 맞춰 피드백과 실시간 상호 작용을 가능하게 함으로써 언어 학습을 능동적인 경험으로 전환하고 있다. 기계가 언어를 이해하고 생성하는 기술도 고도화되어 인간의 언어 능력 수준을 진단한다. 언어 능력을 개선하는 교육 도구로서 AI의 가능성은 더욱 커지고 있다.

AI와 야구?

AI, 언어 교육의 패러다임을 바꾸다

AI 기술 발달로 컴퓨터는 교사처럼 학습자의 언어 능력과 성향에 맞춘 수업 자료 및 피드백을 제공하고, 정교한 맞춤형 개별 학습을 이끈다. AI 기술은 특히 언어 교육의 방식과 범위를 확장하고, 학습 효율성을 극대화하는 데에도 기여한다.

AI로 더 똑똑해진 외국어 학습

외국어를 학습할 때, 학습자가 까다롭다고 느끼는 학습 영역 중 하나가 바로 '말하기'다. 많은 학습자는 오류를 말할까 하는 걱정과 정확성을 지켜야 한다는 압박감으로 발화를 주저한다. 외국어를 유창하게 구사하려면 원어민과의 실제 상호 작용 및 연습이 필요하지만, 현실적으로 대화 파트너를 찾는 데 시간적, 경제적 제약이 따른다.

말하기 학습에서 학습자가 직면하는 어려움을 해결하기 위해 음성과 텍스트를 모두 인식하는 다중 양상(Multimodal) 언어 모델을 활용할 수 있다. 한 예로, 학습자는 텍스트와 음성의 동시 처리가 가능한 다중 양상 기능을 탑재한 챗GPT(ChatGPT)로 회화 연습을 할 수 있다(Chatgpt). 원하는 대화 시나리오와 지침 사항을 프롬프트에 구체적으로 작성하여 대화형 AI에 전달하면 AI가 요구 사항에 맞는 대화를 주도한다. 이에 사용자는 마이크 버튼을 눌러 음성으로 말을 주고받는다. 미국 맥도날드(McDonald's)에서 햄버거 주문하기, 파리에서 에펠탑으로 가는 방법 묻기 등 외국에서 여행하거나 생활하면서 겪을 가능성이 높은 상황을 설정한 뒤 대화를 나누는 역할극(Role Play)도 가능하다. AI와 진행하는 말하기 연습은 실제와 유사한 대화 상황을 가정하여 연습에 몰입하게끔 하며, 대화 상대가 실제 인간이 아니므로 학습자가 느낄 오류 발화의 스트레스와 불안도를 낮춘다.

챗GPT는 주고받은 대화 내용을 텍스트로 전사하기 때문에 사용자는 대화 종료 이후 회화 상황을 전체적으로 되짚어 볼 수 있다. 프롬프트로 피드백을 요구할 시, 학습자의 발화를 분석하여 오류와 대체 표현을 알려 줌으로써 말하기 역량을 증진하도록 한다.

AI 기술은 말하기 연습을 넘어 현실 상황에 자주 쓰이는 어휘와 표현을 맥락 속에서 학습하도록 지원하고 있다. 최근 구글(Google)이 공개한 '리틀 랭귀지 레슨(Little Language Lessons)'은 구글에서 제공하는 AI 어시스턴트(Assistant)인 제미나이(Gemini)를 적용해 외국어 습득을 도와주는 개별 맞춤형 AI 학습 시스템이다. 현재 해당 서비스는 세 가지 학습 기능을 제공한다. 먼저 '타이니 레슨(Tiny Lesson)' 기능은 스쿠버 다이빙 하기, 데이트하기 등 학습하고 싶은 특정 상황을 텍스트로 입력하면 관련 상황에 적합한 어휘와 문장을 알려 준다. 화면 하단에는 해당 문장을 사용할 때 주의해야 하는 문법적인 팁도 함께 제공한다. 원어민이 주로 쓰는 구어체를 알아볼 수 있는 '슬랭 행(Slang Hang)'도 있다. '워드 캠(Word Cam)' 기능은 디지털 기기에 탑재된 카메라로 물건을 촬영하면 해당 물건 이름을 목표 언어로 제시하며 이와 관련한 어휘도 안내한다. 이와 같은 AI 기술은 실생활 밀착형 언어 학습을 돕고, 교육의 실용성을 높인다.

AI가 설계하는 개인 맞춤형 학습

기업에서도 실용적인 외국어 학습을 돕는 보조 도구로 AI 서비스를 대거 출시하고 있다. 듀오링고(Duolingo)는 '버드브레인(Birdbrain)'이라는 머신 러닝(Machine Learning) 알고리즘을 도입하여 학습자의 실력과 학습 패턴을 분석하고 맞춤형 학습 경로를 제시한다. 학습자의 답이 틀리면 해당 문제의 예상 난도를 높이고, 학습자의 추정 실력을 조정해 문항 난이도와 학습자의 실력 정보를 꾸준히 업데이트한다. 이 알고리즘은 학습자 수준에 맞는 문제를 제시하여 좌절감과 학습의 지루함을 줄이고, 틀린 문제는 커리큘럼에 반영해 자동으로 복습하게 한다. AI 기술은 단순히 학습 효율을 높이는 데 그치지 않고 학습자 수준과 속도에 맞춰 학습 경로를 설계해, 학습자가 꾸준하게, 그리고 끝까지 학습하도록 돕는다.

영어 회화 시험도 효율적이고 똑똑하게 준비하도록 돕는 서비스도 존재한다. 최근 외국어 말하기 시험 오픽(OPIc)의 주관사가 축적해 온 노하우를 바탕으로 AI 튜터와 일대일 학습을 진행하는 오픽 홀릭(OPIc Holic)을 출시했다. 해당 서비스는 오픽 시험에 빈출되는 주제로 콘텐츠를 구성했다. 사용자는 주어진 주제와 관련된 경험을 AI와 공유하고, AI는 모범 답변을 완성하도록 돕는다. 생성된 답변을 사용자가 자연스럽게 말할 수 있도록 실전처럼 연습하게 하며, 어색하거나 틀린 표현은 AI 기반의 자동 피드백으로 올바르게 교정한다.

AI로 정교화된 피드백 시스템

AI는 음성 인식 기술로 학습자의 발음을 분석하고 이를 모범 발음과 비교하여 어긋난 부분을 찾아냄으로써 학습자가 자신의 발음 실수를 인지하고 교정할 수 있도록 지원한다. 듀오링고, 스픽(Speak) 등 교육용 앱은 학습자가 연습 문장을 따라 말하면 억양, 강세, 음소 발음 등 발음 특징을 분석하여 발음 정확도를 평가한다. AI 기술은 학습자가 목표 언어로 말한 문장에 대해 피드백을 제공함으로써 일대일 발음 교정 수업을 받는 듯한 학습 효과를 낸다.

AI는 학습자가 작성한 텍스트에서 문법적 오류를 찾아내고, 매끄러운 표현을 제안한다. AI 기술로 맥락 파악과 미묘한 오류도 잡아내는 수준으로 성능이 발전했기 때문에 가능해진 일이다. 대표적으로 AI 영어 문법 검사기인 그래머리(Grammarly)는 사용자가 입력한 작문에서 철자나 문법 오류 외에도 문맥상 부자연스러운 표현을 포착한다. 사용자의 의도를 파악하고 아예 새로운 어휘와 표현을 사용한 문장을 제안하거나 같은 의미를 지닌 대체 표현도 제시한다. AI 작문 보조 기능은 그 성능이 인간 수준에 가까울 만큼 향상되어 교사의 첨삭 지도를 대체하는 단계에 이르렀다.

학습을 놀이처럼

'게이미피케이션(Gamification)'은 학습 과정에서 특정 과업이나 활동에 게임 요소를 가미하여 학습자의 흥미를 유발하고, 학습 목표 달성을 촉진하는 기법이다. 오늘날 언어 학습 앱들은 게임 요소를 적절히 추가해 학습자가 게임을 하듯 즐겁게 학습에 몰입하도록 유도한다.

외국어 학습 프로그램 듀오링고는 귀여운 부엉이 캐릭터인 듀오를 활용해 학습을 지속하도록 독려하고, 학습을 완료하면 긍정의 동작을 보여 주는 등 UX상에 놀이 요소를 추가했다. 또한 듀오링고는 학습자가 단계별로 퀴즈에 도전하도록 유도하고, 미션을 완료하면 축하 메시지와 함께 포인트를 보상으로 지급한다.

또 다른 예시로 몬들리(Mondly)가 있다. 학습자는 퀘스트를 수행하거나 점수를 획득하면서 외국어를 배우며, 이러한 게임 요소는 학습 동기를 자극하고 지속적인 학습 참여를 이끈다. 특히 몬들리는 증강 현실(AR, Augmented Reality)과 가상 현실(VR, Virtual Reality) 기술로 실수해도 괜찮은 가상 공간 속에서 원어민과 실제 대화를 하는 듯한 몰입형 언어 학습을 제공한다. 게임적 요소와 AI 기술을 결합한 언어 학습 플랫폼은 개개인의 실력을 분석하여 맞춤형 학습 경로를 제시하는 동시에, 학습 동기를 자극해 학습자로 하여금 효과적인 언어 습득을 실현하도록 한다.

AI가 바꾸는 학습 경험

AI와 언어학의 만남은 이미 교육 현장에서 현실이 되었다. 발음, 문법, 작문을 아우르는 개인화된 커리큘럼 생성과 대화 연습에 기존 교육 환경과는 다른 변화가 일어나고 있다. 언어 학습자들은 AI 기술을 통해 언제 어디서든 맞춤형 피드백과 무한한 연습의 기회를 얻는다. 더불어 학습 과정에 게임 요소가 더해져 학습 경험의 폭과 만족도도 증가하고 있다.

물론 학습자의 정서적인 부분과 관련하여 라포르(Rapport) 형성이 어렵고, 공감 능력이 부족하다는 한계도 있어 AI는 인간 교사를 완전히 대체할 수는 없다. 그러나 학습 보조 도구로서 AI를 적극적으로 사용할 경우 학습 효과를 극대화할 수 있다. 더불어 교육 현장 속 교육자들이 AI를 현명하게 활용한다면 학습자에게 더 나은 언어 습득 환경을 조성해 주는 것은 물론 교사의 업무 부담도 줄일 수 있을 것이다.

참고문헌

듀오링고. https://ko.duolingo.com/
로제타 스톤. https://www.rosettakorea.com/
스픽. https://www.speak.com/
카훗. https://kahoot.com. https://kahoot.it

Chatgpt. https://chatgpt.com
Grammarly. https://www.grammarly.com/
Little Language Lessons. https://labs.google/lll/en

07
언어 데이터의 구축과 윤리적 쟁점

AI는 방대한 언어 데이터를 토대로 작동하지만, 그 데이터는 편향성과 윤리적 문제를 내포한다. 학습 데이터에 어떤 언어를 포함하고 어떤 표현을 배제하느냐에 따라 AI의 관점과 한계가 달라진다. 언어 데이터를 만드는 일은 곧 세상의 다양성과 공정성, 더 나아가 윤리적 책임을 어떻게 담아낼 것인가를 결정하는 일이다.

AI와 윤동주?

언어 모델 학습을 위한 말뭉치 구축 과정

언어 모델을 학습시키기 위해서는, 인간이 구축한 '말뭉치(Corpus)'라는 대규모 언어 데이터베이스가 필요하다. 말뭉치는 다음 단계를 따라 구축된다.

먼저 인터넷 웹사이트와 책, 사회관계망 서비스(SNS, Social Network Service) 등 방대한 자료에서 텍스트와 음성 데이터를 수집한다. 일차적으로 수집한 원자료는 많은 오류와 불필요한 정보를 포함한다. 이 정보는 언어 모델의 학습을 방해하고 모델 성능을 저해하기 때문에 이를 정제하는 과정을 거쳐야 한다. 따라서 데이터 속 오탈자를 교정하고 고정 관념이나 욕설과 같은 해로운 내용, 특수 문자 및 중복 문장 등을 반드시 제거해야 한다. 다음 단계로 언어 구조와 의미를 학습하도록, 전처리된 언어 데이터에 품사나 개체명을 나타내는 주석을 추가한다. 라벨이나 태그를 붙여 주석을 추가하는 작업에는 다양한 분야의 전문가들이 검수하면서 정확도를 높인다. 이와 같은 단계를 거쳐 언어 말뭉치를 완성한다.

언어 모델 성능을 평가하는 벤치마크

대규모 언어 모델(LLM, Large Language Model)의 성능을 판단하려면 체계적 평가 도구를 갖추어야 한다. 평가

기준이 있어야 언어 모델별 동일한 과제에 대한 성능을 객관적으로 비교 평가할 수 있다. AI 개발자와 언어학자를 비롯한 전문가는 벤치마크 데이터 세트를 구축해 활용하곤 한다.

'벤치마크'란 언어 모델의 성능을 분석하고, 다른 모델과 비교할 목적으로 사용되는 기준 데이터 세트다. 초기 벤치마크는 인간도 손쉽게 풀 수 있는 수준의 문제로 구성되었다. 최근 AI 기술의 발전과 언어 모델 성능 향상으로 벤치마크도 전문적인 내용을 담게 되었으며, 심지어 인간이 풀기 어려운 수준에 달했다. 벤치마크 제작자는 주제와 과업(Task)에 맞춰 여러 종류의 벤치마크를 만든다. AI 개발자는 모델의 구축 목적이나 특화 분야에 따라 벤치마크를 적절하게 사용한다.

대표적인 벤치마크 중 하나인 '빅-벤치(BIG-Bench)'는 언어학, 수학, 상식, 물리 등 204개의 과제로 형성되었다(Srivastava et al., 2022). 이 벤치마크 문항은 제작 당시 언어 모델이 쉽게 풀지 못하는 수준이었다. 또 다른 대표적인 벤치마크로는 '다중 작업 언어 이해(MMLU, Massive Multi-Task Language Understanding)'가 있다(Hendrycks et al., 2020). LLM의 지식수준을 평가하는 데 주로 사용되는 MMLU 벤치마크는 법률, 수학, 세계사 등 57개 과제를 대부분 사지선다형 문제로 구성했다. 이 벤치마크를 처음 발표한 연구에서 당시의 언어 모델이었던 GPT-3은 20% 정도의 정확도를 보여 인간 전문가 수준에 한참 미치지 못하는 걸로 평가되었다. 그러나 언어 모델의 성능이 점차 높아져 GPT-4는 MMLU에서 80% 이상의 정확도를 보였다(Achiam et al., 2023).

언어 모델 성능이 발전함에 따라 벤치마크 역시 문항 난도를 높이는 형태로 변화하고 있다. LLM의 전반적인 지식 이해력을 평가하는 목적으로 제작된 MMLU도 문항 수준을 높인 버전으로 진화했다. 'MMLU 프로(MMLU Pro)'는 MMLU의 고난도 버전으로, LLM의 문제 해결 능력과 추론 능력이 전문가 수준인지 판별하기 위해 사용된다. 이 외에도 모델의 자연어 수준을 평가하는 데 사용하는 벤치마크인 '글루(GLUE, General Language Understanding Evaluation benchmark)'(Wang et al. , 2018)도 난도를 높였다. 글루를 통과한 모델들의 심화된 언어 능력 평가를 위한 '슈퍼글루(SuperGLUE)'(Wang et al., 2019)는 인간의 상식을 기준으로 한 판단과 복수 답변 문제 형식으로 구성되었다.

언어 모델이 가진 특정 분야의 능력을 판단하는 벤치마크도 존재한다. '엑스글루(XGLUE)'는 다국어 자연어 이해 능력을(Liang et al., 2020), '매스(MATH)'는 고급 수준의 수학 문제로 수학적 추론 능력을(Hendrycks et al., 2021), '휴먼이밸(HumanEval)'은 코드 작성 능력을 평가하는 기준으로 사용된다(Chen et al., 2021).

벤치마크를 이용하면 언어 모델의 성능을 객관적으로 비교 및 평가하고, 이 결과를 참고하여 모델의 성능 최적화에 필요한 부분을 파악할 수 있다. 방대한 언어 데이터를 내재한 벤치마크는 언어 모델의 훈련 외에도 성능 평가와 개선에 나침반 역할을 하며 언어 모델이 인간과 얼마나 가까워졌는지 측정하는 척도가 된다.

언어 자원의 편중 문제와 디지털 언어 포용성을 위한 노력

LLM은 인터넷상에 존재하는 언어 데이터를 크롤링하여 만든 말뭉치로 학습을 진행하는데 여기서 많은 문제점을 마주한다. 대표적인 문제는 웹상의 언어 데이터가 특정 언어와 문화권에 편중되어 있다는 점이다.

병렬 말뭉치와 일반 텍스트 자료가 풍부한 언어를 고자원 언어(High-resource Language)라고 한다. 고자원 언어 중 하나인 영어는 국제 공용어(Lingua Franca)로 언어 자료가 방대하며, 미국을 비롯한 영어권 국가는 인터넷 인프라도 잘 갖추고 있어 온라인상에 많은 언어 데이터를 만든다. 그 결과, 말뭉치 구축 과정에서 영어 데이터를 우선적으로 수집하고, 이를 학습한 모델을 먼저 설계하고 테스트하게 된다. 이는 곧 언어 모델이 영어 위주로 최적화되어 다른 언어에는 취약해지는 결과로 이어진다(Liu et al., 2023; Naous et al., 2023).

전 세계에는 7000개 이상의 언어가 존재하지만, 그중 20여 개 언어만이 고자원 언어에 속한다. 대부분의 언어가 AI 기술 개발에서 소외된 셈이다. 저자원 언어는 말뭉치를 구축하기에 데이터양이 상대적으로 부족하다 보니 언어 모델 학습에 활용되기 어렵다. 저자원 언어와 그 언어권의 문화적 데이터를 탑재한 언어 모델이 부족하면, 해당 언어를 사용하는 사회는 기술 발전에 뒤처짐으로써 언어 자원이 더욱 빈약해지는 악순환을 반복하게 된다. 즉, 언어 자원의 격차는 디지털 정보 격차로 이어진다. 더 나아가 소수 언어를 포괄하지 못하면 해당 언어의 디지털 생태계를 축소해 언어적 다양성 약화를 초래한다.

한 언어 내에서도 표준어 외 지역적 특성을 담은 방언이나 구어체 표현은 배제되기 쉽다. 보편적으로 말뭉치 데이터는 표준어 텍스트 위주로 구축되기 때문에 앞서 언급한 표현을 완전하게 담지 못한다. 언어 모델은 표준어가 아닌 표현을 접할 때, 문장 및 맥락 이해도가 떨어지고 부정확한 응답을 생성하는 경향이 있다. 한 예로, 챗GPT(ChatGPT)에 비표준적 영어인 아프리카계 미국 영어(AAE, African American English)로 질문하면 고정관념이나 비하하는 내용이 담긴 답변을 하거나 사용자 요청을 제대로 해석하지 못하는 등 표준 미국 영어(SAE, Standard American English)에 비해 낮은 품질의 답변이 돌아온다는 연구가 있다(Fleisig et al., 2024). 이처럼 표준적이지 않은 언어 표현을 제대로 학습하지 않으면 언어 모델은 표준 언어 표현에 대한 편향을 더욱 뚜렷하게 드러낸다. 결론적으로 언어 데이터가 특정 언어나 표현에만 편중되는 문제를 극복하려면 폭넓은 언어 자원을 반영하는 노력이 필요하다.

최근 이러한 문제의식에 입각하여 여러 형태의 언어 자원을 포괄하려는 시도가 이어지고 있다. '우리가 함께 만든다'라는 뜻의 마사카네(Masakhane) 프로젝트가 대표적이다. 마사카네 프로젝트는 약 2000개의 아프리카어가 존재함에도 이들이 AI 기술 발전에 동원되지 못하는 상황에 초점을 두고, 아프리카 언어 자원을 이용한 자연어 처리 연구 진행을 목표로 아프리카 지역의 언어 데이터를 체계적으로 구축하고자 한다. 또 다른 사례로, 허깅 페이스(Hugging Face)와 같은 오픈 소스 플랫폼에서는 누구나 언어 데이터를 업로드하고 모델 학습에 기여할 수 있다. 이와 같은 노력들 덕분에 소외된 언어 사용자들도 디지털 환경에서 AI 기술 개발과 활용에 동등하게 참여하고, 언어적 다양성이 고루 존중받는 기반이 되고 있다.

언어 데이터 구축의 법적·윤리적 쟁점

언어 모델을 학습시키는 과정에서 저작권 침해나 개인정보 보호 문제와 같이 법적, 윤리적 문제가 발생하기도 한다. 학습 데이터를 웹상에서 수집할 때, 저작권이 있는 자료나 개인 정보가 섞인 데이터를 걸러 내지 못하고 대량으로 포함하는 경우가 있기 때문이다. 이는 사생활 침해 또는 저작권 침해로 법정 소송까지 이어질 수 있으므로, 데이터 정제에 특별히 주의해야 한다. 실제로 《뉴욕타임스(The New York Times)》는 오픈AI(OpenAI)와 마이크로소프트(Microsoft)가 자사의 기사를 무단으로 AI 학습에 이용했다며 저작권 소송을 제기하기도 했다(Grynbaum, 2023). 따라서 공정하고 윤리적인 방법으로 언어 데이터를 구축하는 것은 매우 중요하다.

윤리적 데이터 구축을 실천한 대표적인 사례 중 하나는 빅사이언스(BigScience) 프로젝트다. 윤리학자, 철학자, 법률학자 등 1000여 명의 연구자들이 합심한 빅사이언스는 다국어 기반 오픈 소스 언어 모델인 블룸(BLOOM)을 선보였다(Le Scao et al., 2023). 블룸은 특히 학습용 데이터 수집 및 정제에 관한 자료와 모델 개발 과정 기록을 투명하게 공개한 것으로 주목받았다. 다양한 분야의 전문가들이 협력하는 커뮤니티 기반 접근법은 기술 개발 속도와 윤리적 책임을 아울러 고려해야 하는 시대에 투명하고 개방적인 방식으로 모델을 개발할 수 있음을 입증했으며, 향후 윤리적 언어 모델 개발의 방향을 제시한 긍정적인 사례로 평가받고 있다.

공정한 언어 모델을 위한 언어학자의 역할

공정한 AI를 만들기 위해서는 언어 데이터의 편향성을 줄이고 다양한 언어 자원을 포괄하려는 언어학자의 노력이 요구된다. 다채로운 언어 현상을 내포한 데이터 구축을 위해서는 말뭉치의 주제와 목적에 깊은 이해력을 갖춘 언어학자가 데이터 설계 단계에서부터 참여해야 한다. 또한 언어학자는 소수 언어나 지역 방언 데이터를 의도적으로 포함하고, 성별, 연령과 관련된 언어 표현을 균형 있게 샘플링하여 특정 언어나 집단에 편향되지 않도록 해야 한다. 이 과정에 사회 언어학자, 방언학자, 민족 언어학자 등 다방면의 언어학자가 참여한다면 언어적 변이를 데이터에 포괄할 수 있다. 저자원 언어 데이터를 확충하려는 언어학자의 이러한 노력은 폭넓고 공정한 언어 모델 개발로 이어질 것이다.

참고문헌

Achiam, J. et al.(2023). Gpt-4 technical report.

Bender, E. M. et al.(2021). On the dangers of stochastic parrots: Can language models be too big?. *Proceedings of the 2021 ACM Conference on Fairness, Accountability, and Transparency*, pp.610~623.

Chen, M. et al.(2021). Evaluating large language models trained on code.

Fleisig, E. et al.(2024). Linguistic bias in ChatGPT: Language models reinforce dialect discrimination.

Grynbaum, M. M. & Mac, R.(2023.12.27). The Times sues OpenAI and Microsoft over A.I. use of copyrighted work. The New York Times.

Hendrycks, D. et al.(2020). Measuring massive multitask language understanding.

Hendrycks, D. et al.(2021). Measuring mathematical problem solving with the math dataset.

Le Scao, T. et al.(2023). Bloom: A 176B-parameter open-access multilingual language model.

Liang, Y. et al.(2020). XGLUE: A new benchmark dataset for cross-lingual pre-training, understanding and generation.

Liu, C. C. et al.(2023). Are multilingual LLMs culturally-diverse reasoners? An investigation into multicultural proverbs and sayings.

Masakhane. www.masakhane.io

Naous, T. et al.(2023). Having beer after prayer? Measuring cultural bias in large language models.

Srivastava, A. et al.(2022). Beyond the imitation game: Quantifying and extrapolating the capabilities of language models.

Wang, A. et al.(2018). GLUE: A multi-task benchmark and analysis platform for natural language understanding.

Wang, A. et al.(2019). SuperGLUE: A stickier benchmark for general-purpose language understanding systems. *Advances in Neural Information Processing Systems, 32.*

08
대규모 언어 모델과 언어학의 융합

대규모 언어 모델은 인간처럼 언어를 이해하고 생성한다. 그리고 그 작동 방식에는 통사 구조, 의미 분석, 담화 분석 등 언어학적 지식이 스며 있다. 언어학 분야에서 언어 모델은 새로운 연구 도구로서 기능하며 언어학의 실험 방식 자체를 바꾸었다. 인간의 언어 능력을 AI 기술로 구현하면서 우리는 인간 언어의 비밀을 밝혀내는 새로운 창을 열었다.

AI와 한의학?

대규모 언어 모델의 언어 구조 처리 과정

대규모 언어 모델(LLM, Large Language Model)은 방대한 데이터를 학습하여 사람처럼 매끄러운 문장을 만든다. 이는 마치 아이가 반복적으로 언어 입력에 노출되어 언어를 습득하는 것과 비슷하다. LLM은 수십억 개 이상의 파라미터를 이용해 언어 패턴을 배우며, 번역, 요약, 질의응답 등 많은 과제를 수행한다. 그리고 LLM을 학습시키는 과정에서 통사 구조, 의미 분석, 담화 분석 등 다층적인 언어학 개념과 지식이 활용된다.

LLM이 단어가 지니는 계층적 구조를 파악하려면 통사 구조를 습득해야 한다. 예를 들어, 사전 훈련 언어 모델인 버트(BERT, Bidirectional Encoder Representations from Transformers)는 내부 층별로 다른 언어 정보를 처리한다. 초기 층에서는 품사 태그처럼 낮은 수준의 정보를, 중간층에는 구문 구조를, 상위층에는 의미역 같은 고차원 정보를 차례대로 정리한다(Jawahar et al., 2019). 이는 LLM에서 언어 표현이 통사적 구성 요소에 따라 계층적으로 분석된다는 점을 시사한다.

기계가 언어를 이해하고 생성하기 위해 문장의 의미를 정확하게 식별해야 하는데 여기서 의미론 개념을 적용해야 한다. 의미역 이론에서는 문장 내 각 구성 요소가 사건 또는 행위와 맺는 의미적 역할을 중심으로 문장을 분석한다. LLM은 대규모 데이터에서 어휘 의미 및 의미역 패턴을 반복적으로 접해 단어 간 의미 관계도 습득한다. 이로써 어휘와 문맥을 바탕으로 의미론적 추론이 가능하고 사용자의 질문 의도에 부합하는 응답을 생성한다.

문장 간 맥락을 포착하는 담화 수준의 이해는 LLM 성능을 결정짓는 핵심 요소에 속한다. '담화'는 여러 문장이 모여 이루는 언어적 맥락을 뜻한다. 문장 간의 연결성과 일관성, 지시어 해석은 담화 분석의 핵심 요소다. 특히 지시어가 지칭하는 대상은 문맥에 따라 달라지며, 이는 담화 구조 속에서 파악된다. 최근 LLM이 한 번에 처리하는 프롬프트 길이가 길어짐에 따라 담화 구조를 정밀하게 분석하는 능력이 중요해지고 있다.

언어학 실험 도구로서의 LLM

언어학은 인간 언어를 구조적으로 분석하는 데서 출발했지만, 오늘날에는 다른 학문과 결합하여 그 활동 범위를 넓혀 가고 있다. 언어와 심리적 과정의 관계를 탐구하는 심리 언어학, 언어와 인간의 인지 구조 간 연결성을 살피는 인지 언어학 등은 모두 언어학의 하위 분야로 자리 잡고 있다. 최근 이들 분야에서 LLM을 연구 도구로 사용하면서 언어학 연구 방법론에도 변화가 일어나고 있다. 실험이나 설문, 사례 분석에 의존했던 연구 방식이 LLM으로 시뮬레이션하거나 실험하는 형태로 확장하고 있다.

심리 언어학

LLM을 실험 도구로 사용하는 경향은 심리 언어학과 인지 언어학 분야에서 두드러진다. 심리 언어학적 관점에서는 인간의 언어 처리 방식과 LLM의 언어 처리 순서를 비교하면서 기계가 인간의 언어 인지 메커니즘을 얼마나 잘 모방하는지 탐구한다. 의미상 예상하지 못한 단어를 접하면 뇌에서 N400 사건 관련 전위(N400 ERP, N400 Event-related potential) 신호가 나온다. 딥 러닝(Deep Learning) 모델도 확률적으로 예측하기 힘든 문장을 처리할 때 민감하게 반응하는데, 이때 높은 의외성(Surprisal) 값을 보인다(송상헌, 2022). 의외성은 특정 사건이 얼마나 예상 밖인지를 수치화한 개념으로, 그 사건이 발생할 확률이 낮을수록 의외성은 커진다. 흥미롭게도 LLM에 어색한 문장을 입력한 다음 의외성 수치를 계산한 결과, 인간의 N400 강도와 유사한 패턴을 보인다는 것을 확인했다(Michaelov et al., 2024). 즉, 높은 의외성 값을 보인 단어일수록 인간의 N400 반응도 강하게 나타난 것이다. 이는 인간의 뇌와 언어 모델이 모두 예측하기 어려운 언어 입력에 민감하게 반응한다는 점에서 유사성이 존재함을 암시한다. 다시 말해, 인간의 뇌가 다음 단어를 예측하는 방식으로 언어를 처리하는 것처럼, LLM 역시 인간의 언어 예측 과정을 부분적으로 모사한다고 볼 수 있다.

기능 자기 공명 영상법(fMRI, Functional Magnetic Resonance Imaging)을 기반으로 한 연구에서는 LLM의 은닉층 출력을 사용해 인간 뇌의 반응을 예견하는 실험도 이루어지고 있다. 사람에게 문장을 들려주면 뇌의 언어 처리 영역에서 활성 패턴이 나타나는데, 이를 LLM으로 시뮬레이션한 결과 트랜스포머(Transformer) 기반 언어 모델의 출력도 실제 뇌 반응과 아주 유사한 것으로 나타났다(Schrimpf et al., 2021).

인지 언어학

언어를 인간 사고와 경험의 산물로 보는 인지 언어학에서도 LLM을 연구에 이용하고 있다. 은유(Metaphor)는 인간이 추상 개념을 이해하는 데 사용하는 인지 도구다.

근래 들어 LLM의 은유적 표현 처리 방식과 추론 능력 검증이 주요 연구 분야로 부상하고 있다. 개념적 은유 이론(CMT, Conceptual Metaphor Theory)을 기초로 개념적 은유 표현을 프롬프트에 포함한 결과, 모델이 복잡한 문제를 풀 때 추론의 정확도가 높아졌다는 연구도 보고되었다(Kramer, 2025).

언어 모델에 학습 데이터를 점차 늘리면서 아이들의 언어 습득 과정을 LLM으로 재현하려는 시도도 이루어지고 있다(Hosseini et al., 2024). 심리 언어학과 인지 언어학은 LLM으로 언어에 관한 인간의 인지 과정을 탐구하고 새로운 연구의 장을 열고 있다. 과거에는 인간의 언어 처리 과정을 이론적으로 추정하는 데 그쳤다면, 이제는 LLM을 활용하여 실험을 설계하고 인간의 인지 데이터와 비교하면서 가설을 정량적으로 검증하는 패러다임이 열렸다.

사회 언어학

사회 언어학 분야에서도 LLM을 실험 도구로 사용한다. 최근 연구들은 LLM이 지역, 사회 계층, 의사소통 맥락, 시간에 따른 어휘 사용과 같은 사회적 언어 현실을 얼마나 잘 반영하는지에 주목하고 있다. 사회 언어학적 관점은 사회적 편향, 언어 사용의 변이, 학습 데이터의 다양성 등 언어 모델링의 주요 임무를 해결하는 데 유용하며, 공정하고 대표성을 갖춘 모델을 만드는 데 필요한 데이터를 구축하기 위해서는 사회 언어학 이론과 개입이 필수임을 강조한다(Grieve et al., 2025).

사회 언어학과 AI의 상호 보완적 발전 방법에도 관심이 커지고 있다. LLM은 대규모 텍스트에 포함된 언어 사용의 사회적 맥락과 변이성을 익히고, 반대로 사회 언어학자들은 언어 사용의 사회적 패턴과 변화 양상을 LLM으로 시뮬레이션한다(Nguyen, 2025). LLM이 사회 언어학 연구에 새로운 연구 방법의 통로를 열어 준 셈이다.

문학

LLM은 문학 연구를 포함한 인문학 분야에서도 가치 있는 연구 도구로 자리 잡고 있다. 문학은 언어로 표현하는 예술 활동이기에 언어와 문학은 깊은 관련성을 지닌다.

2024년 한강의 단편 소설 〈아홉 개의 이야기〉와 욘 포세(Jon Fosse)의 〈우정(Friendship)〉을 LLM이 분석해 보는 신선한 시도가 있었다(Yang et al., 2024). AI의 문학적 이해 능력을 가늠해 본 결과, LLM은 주제와 인물을 정밀하게 분석하는 데 강점이 있으나 감정적 뉘앙스 포착이나 일관된 해석 면에서는 인간 분석 수준에 미치지 못했다.

미국의 공포 소설 작가인 하워드 필립스 러브크래프트(Howard Phillips Lovecraft) 특유의 문체와 주제를 모방해 LLM이 소설을 작성하고, 이를 사람이 실제 그의 작품과 판별할 수 있는지를 살펴본 실험도 있었다(Garrido-Merchan et al., 2023). 실험 참가자들은 원작과 LLM이 생성한 텍스트를 구분하지 못했는데, 이는 AI가 작가의 고유한 스타일을 정밀하게 모방하는 능력을 갖추고 있음을 암시한다.

LLM 성능을 개선하는 언어학 지식

LLM 성능을 개선하고자 언어학 지식을 적극적으로 이용하는 연구도 활발하게 진행 중이다. 품사의 분포 정도, 특정 구문 구조, 종속절 사용 패턴 등의 언어학적 특징을 중간 미세 조정으로 추가했을 때, 인코더-디코더 기반인 언어 모델 성능이 향상했다(Miaschi et al., 2024). 또한 개별 언어의 구조적 특성을 심도 있게 이해하는 능력, 즉 언어학자의 도메인 지식이 특정 과제에서 모델 성능에 큰 영향을 미친다는 사실이 검증되었다. 예를 들면, 한국어 전문가들은 한국어의 형태소가 결합할 때 나타나는 음절 변화 유형을 200여 개 패턴으로 분류하고, 1200만 어절의 대규모 말뭉치(Corpus)를 정제하여 학습 데이터를 구축함으로써 자연어 처리 모델의 성능을 끌어올렸다. 한국어 형태소는 음운 변화 규칙이 복잡해 어절을 형태소 단위로 정확하게 나누기 쉽지 않음에도, 한국어 전문가의 지식을 활용한 덕분에 가능한 일이었다(박진호, 2019).

참고문헌

박진호(2019). "딥러닝 기반 자연어 처리에서 도메인 지식의 역할". 《인공지능인문학연구》, 4, 135~166쪽.

송상헌(2022). "딥러닝 언어모델과 Surprisal을 활용한 언어분석". 《인공지능인문학연구》, 12, 9~39쪽.

Garrido-Merchan, E. C. et al.(2023). Simulating HP Lovecraft horror literature with the ChatGPT large language model.

Grieve, J. et al.(2025). The sociolinguistic foundations of language modeling. *Frontiers in Artificial Intelligence, 7*, 1472411.

Hosseini, E. A. et al.(2024). Artificial neural network language models predict human brain responses to language even after a developmentally realistic amount of training. *Neurobiology of Language, 5*(1), pp.43~63.

Jawahar, G. et al.(2019). What does BERT learn about the structure of language?. *ACL 2019-57th Annual Meeting of the Association for Computational Linguistics.*

Kramer, O.(2025). Conceptual metaphor theory as a prompting

paradigm for large language models.
Michaelov, J. A. et al.(2024). Strong prediction: Language model surprisal explains multiple N400 effects. *Neurobiology of language, 5*(1), pp.107~135.
Miaschi, A. et al.(2024). Linguistic knowledge can enhance encoder–decoder models(if you let it).
Nguyen, D.(2025). Collaborative Growth: When Large Language Models Meet Sociolinguistics. *Language and Linguistics Compass, 19*(2), e70010.
Schrimpf, M. et al.(2021). The neural architecture of language: Integrative modeling converges on predictive processing. *Proceedings of the National Academy of Sciences, 118*(45), e2105646118.
Yang, Z. et al.(2024). Analyzing Nobel Prize literature with large language models.

09
산업 현장에 적용된 융합 사례

AI와 언어학의 융합은 더 이상 연구실에 머물지 않는다. 두 학문의 결합은 단순 기술 혁신을 능가하고 사람과 서비스, 사람과 정보 사이의 소통 방식 자체를 바꾸고 있다. 고객 응대, 의료, 언론 등 폭넓은 분야에서 이 융합은 업무 효율성과 정확성을 높이며, 자동화로 신속한 업무를 가능하게 한다. 두 학문이 산업을 움직이는 새로운 시대가 도래했다.

AI와 화장품?

산업 속으로 스며든, AI와 언어학

일상에서 사용하는 많은 서비스와 제품에는 AI와 언어학이 녹아 있다. 우리는 스마트폰 어시스턴트(Assistant)에게 "오늘 날씨 어때?"라고 물어보고 은행 애플리케이션 속 챗봇의 도움을 받아 금융 거래를 완료하며 번역 서비스로 해외 논문의 내용을 확인한다. 이처럼 AI와 언어학의 만남은 일상 곳곳에 스며들어 있으나, 대부분의 사람은 이를 자각하지 못한 채 일상에서 마주하고 있다.

언어학의 이론적 기반 위에 AI의 계산력이 더해지면서 그 가치는 환산하기 어려울 만큼 커지고 있으며, 고객 응대, 의료, 미디어 등 다양한 산업 현장에서 언어학이 융합된 AI 기술이 널리 활용되고 있다. 이번 장에서는 언어학 이론을 접목한 자연어 처리 및 음성 언어 처리 기술의 사례를 통해, AI 기술 도입이 각 산업에 불러일으킨 변화를 살펴보고자 한다.

고객 응대의 자동화와 고도화

AI 기술 발달을 가장 먼저 쉽게 체감할 수 있는 분야는 바로 고객 응대 서비스다. 과거의 자동 응답 시스템이 몇 가지 정해진 질문에만 답할 수 있었다면, 현재의 AI 기반 상담 시스템은 고객의 다양한 질문 의도를 파악하고 맥락에 맞게 응대한다. 금융 및 통신을 비롯하여 고객의 일상과 밀접하게 연관된 산업에서는 모바일 앱으로 이용할 수 있는 AI 상담 챗봇을 운영하여 고객이 문제를 신속히 해결하도록 돕는다. 또한 고객 응대를 위한 챗봇 시스템은 고객에게 시간에 구애받지 않고 즉각적으로 서비스를 제공하여 고객에게 보다 높은 편의성을 제공한다. 특히 최근에는 단순한 문제 해결을 넘어, 대화의 흐름과 말투에서도 인간 상담원처럼 자연스러운 응대를 구현하려는 노력이 이루어지고 있다. 이로 인해 고객들은 챗봇과의 대화에서도 친절한 응대를 받는 경험을 하기도 한다.

또 다른 예로, 네이버에서는 네이버쇼핑에 입점한 판매자들의 마케팅 고민을 덜고 매출 증가를 돕는 AI 솔루션을 제공하고 있다. 예를 들어, 클로바 라이브챗은 AI로 고객이 자주 문의했던 질문을 학습하여 판매 상품에 맞춘 '자주 묻는 질문(FAQs, Frequently Asked Questions)'을 자동으로 생성한다. 또한 판매자가 AI 기술로 자동 생성된 질문 내용을 확인하고 미리 답변을 작성해 두기만 하면, AI는 판매자를 대신하여 자동으로 고객에게 답변을 한다. 게다가 이 질문들은 판매 상품을 변경하거나 할인 행사를 진행하는 등 시기별로 달라지는 이슈에 따라 자동으로 업데이트되기도 한다. 이로써 판매자는 더 쉽고 빠르게 고객 응대를 할 수 있으며, 반복되는 문의로 인한 피로감을 줄일 수 있다. 클로바 라이브챗 외에도 네이버는 클로바 메시지 마케팅 기능을 제공하기도 한다. 이 기능은 AI가 판매자 대신 마케팅 문구를 생성하고, 고객 반응을 분석하여 더 효과적인 메시지를 만들어 발송함으로써 마케팅 효과를 높인다.

쇼핑 업계에서도 AI 기술을 활용해 소비자의 특징과 요구에 적합한 상품을 추천하여 소비를 유도한다. '초개인화 AI 쇼핑'이라는 구호를 내건 쇼핑 플랫폼 에이블리는 패션 플랫폼 최초로 AI를 기반으로 한 개인화 추천 서비스를 구축했다. 신체 수치와 선호하는 스타일을 나타내는 키워드, 고객이 찜한 목록이나 구매 이력, 작성 후기 등 고객의 자료를 수집 및 검토해 개개인의 취향에 맞는 상품을 보여 준다. 에이블리는 입점 쇼핑몰의 상품을 고객이 온라인상에서 가상으로 시착해 보는 'AI 프로필 서비스'도 운영하고 있다. 텍스트 대신 사진으로 원하는 상품을 찾는 사진 검색 기능도 도입했다. 텍스트와 이미지를 동시에 처리하는 AI 기술의 도입으로 에이블리는 이용자의 편의성과 만족도를 한 번에 끌어올려 애플리케이션 이용자 수와 구매 전환율을 상당히 높였다.

민간 기업이 아닌 지자체와 정부 기관도 고객 응대 서비스에 AI 기술을 적극 도입하여 운영하고 있다. 대구광역시는 '뚜봇'이라는 AI 민원 상담 서비스를 보급했다. 뚜봇에게 대구시 관련 질문을 하면 AI 민원 상담사가 기관 운영 시간에 구애받지 않고 응답한다. 뚜봇 서비스 사용자는 대구시의 시정 뉴스를 실시간으로 확인하고 시에서 경영하는 각종 서비스 안내를 즉각 받을 수 있다. 더불어 관광 명소나 가장 가까운 주차장의 위치를 제공하는 등 시민의 편의 증진에 큰 역할을 하고 있다.

이렇게 AI 기술을 응대 업무에 사용함으로써 시간과 장소에 구애받지 않고 사용자의 질문에 실시간으로 응답하는 체계가 마련되었으며, 반복적이고 단순한 응대 업무를 AI가 분담함에 따라 기업 및 공공 기관의 업무 효율과 서비스 접근이 원활해졌다. 그 결과, 사용자는 한층 편리한 서비스를 이용하게 되었다.

AI가 바꾸는 의료 서비스의 패러다임

의료계에서도 진단, 치료, 환자 관리 및 행정 업무에 AI 기술을 적용하고 있다. 특히 AI 기술은 의사를 도와 새로운 진료와 치료 방식을 만드는 데 중대한 역할을 맡았다. 한 예로, 의료 AI 기업 루닛(Lunit)은 의료 기기를 실제 의료 현장에 도입해 의사의 유방암 진단을 보조한 결과, 암 진단 정확도는 높이고 암 진단 판독 시간을 줄였다. AI 기술 도입은 환자별 면역 특성을 검토함으로 개별 맞춤 치료도 가능하게 했다. 또한 루닛 인사이트 CXR 기술은 폐와 심장에 이상 병변의 존재 가능성 정도와 함께 이상 병변의 검출 위치 및 이상 부위 값을 표시한 AI 분석 리포트를 제공한다.

AI 기술은 일반인의 신체와 정신 건강 관리에도 활용된다. 앞서 언급한 '뷰노'는 만성 질환 관리 영역으로까지 서비스를 확대해 사용자가 건강한 생활 습관을 유지하도록 돕는 건강 관리 앱 '하티브케어(HativCare)'도 운영한다. 또 다른 예시로 건강 관리 코칭 앱인 '눔(Noom)'이 있다. 눔은 사용자의 건강 상태, 식습관, 신체 활동을 바탕으로 맞춤형 프로그램을 설계해 준다. 특히 식단의 칼로리와 운동량을 파악해 건강 목표를 달성하도록 돕는다. 눔은 일정한 체중을 장기적으로 유지하는 생활 습관을 형성하도록 행동 심리학을 기틀로 한 코칭도 제공한다. 결국 눔은 사용자들이 스스로 건강한 삶을 이어 갈 수 있도록 돕는다.

최근 서울아산병원은 국내 최초로 환자와 의료진이 나눈 대화 내용을 의무적으로 기록하는 AI 기반 진료 시스템을 마련했다. 의료진이 착용한 마이크로 환자와의 대화 음성을 인식하고, 이를 AI가 자동으로 변환해 저장한다. 새로이 도입한 진료 음성 인식 시스템은 빠뜨리는 정보가 없도록 해 의료 서비스의 질을 높인다.

의료 분야에서 음성 처리 기술은 진료 내용을 기록하는 것을 넘어 음성 장애 진단에도 적극적으로 활용되고 있다. 최근 AI 연구진과 의료진이 국제 공동 연구로 대규모 언어 모델(LLM, Large Language Model)을 기반으로 음성 장애를 분류하고 진단하는 AI 시스템인 보컬에이전트(VocalAgent)를 개발했다(Kim et al., 2025). 이 모델은 환자의 음성 녹음을 분석하여 암, 낭종, 결절, 마비 등 다양한 음성 장애를 식별한다. 보컬에이전트는 한국어, 영어, 포르투갈어 총 세 개 언어의 데이터 세트로 학습되었다. 한국어 데이터는 표준 문장과 지속 모음(Sustained vowels)인 /a/, /i/ 소리로 구성되었고, 영어 데이터 세트는 5초 길이의 모음 /a/를 발화한 음성을, 포르투갈어 데이터는 지속 모음인 /a/, /e/, /o/의 발성 녹음, 여섯 개의 표준 문장 녹음, 그리고 자유 발화 녹음 등을 포함한다. 세 개 언어의 음성 데이터를 활용한 보컬에이전트는 각 언어별 고유한 음향적 특성을 반영한 진단이 가능해졌다. 이러한 AI 기반 음성 장애 진단 시스템이 작동하는 핵심에는 음성 처리 기술이 자리하고 있다. 환자의 음성에서 음향적 특징을 추출하고 음성 장애를 진단하는 과정에는 음성학, 음운론 등 언어학적 지식이 사용될 수 있다.

이처럼 대규모 의료 데이터를 체계적으로 분석 및 해석하는 AI 기술은 질병의 조기 발견과 진단의 정확도 향상, 신약 개발 기간 단축, 맞춤형 건강 관리 서비스를 구현해 낸다. AI는 의료 서비스의 패러다임을 바꾸는 주축이 되어 의료진과 환자 모두에게 도움을 준다.

AI 기술로 인한 언론 산업의 변화

미디어 분야에서도 AI 기술과 언어학의 결합이 활발하다. 언론사는 기사 작성의 능률을 높이기 위해 적극적으로 자체적인 AI 개발에 박차를 가하고 있다.

조선미디어그룹은《조선일보》기사 5만 건을 학습시킨 AI 어시스턴트로 기사를 작성한다(장형태전략팀, 2024). 해당 기사 끝에는 "《조선일보》와 미디어DX가 공동 개발한 생성형 AI(Generative AI)의 도움을 받아 작성한 기사입니다"라고 표시하여 인간 기자가 작성한 기사와 구분한다. 《한국일보》는 '하이(H.AI)'라는 생성형 AI 모델을 자체 개발해 기사 제목을 추천받거나 키워드를 자동으로 추출하는 기능을 서비스한다(한국일보, 2024). 이 외에 《매일경제신문》은 네이버 파파고와 협력해 '매경 다국어 서비스'를 도입했다(정욱, 2024). 이 서비스는 온라인에 게시된 기사를 영어, 일본어, 중국어 등 외국어로 실시간 번역해 해외 독자의 유입을 늘리고 있다.

해외 언론사들도 AI로 기사를 작성하는 '로봇 저널리즘'을 도입했다. 미국의 통신사인 《AP(Associated Press)》는 오토메이티드 인사이트(Automated Insights) 및 잭스 인베스트먼트 리서치(Zacks Investment Research)와 합심해 미국의 기업 실적과 관련된 뉴스를 분기마다 자동으로 생성한다. 《AP》 소속 인간 기자가 쓴 기사의 양보다 열 배가량 많은 3000건 이상의 기사를 AI가 연간 배출한다. 덕분에 《AP》 구독자들은 전보다 훨씬 많은 기사를 접하게 되었다. 그리고 《AP》 직원은 기업 실적 보고서 작성을 위해 할애한 시간의 20%를 절약하고, 고급 기업 뉴스에 집중할 수 있었다.

《워싱턴 포스트(The Washington Post)》의 '헬리오그래프(Heliograf)'는 올림픽 결과나 선거 개표와 같이 특정 이벤트 기사를 자동으로 만들어 내는데, 도입 첫해에 850여 편의 기사를 생성하는 성과를 냈다(Moses, 2017). 게다가 《워싱턴 포스트》는 댓글 분석 소프트웨어 모드봇

(ModBot)으로 기사 댓글을 모니터링하면서 내부 정책에 따라 신고하거나 삭제하기도 한다(WashPostPR, 2017).

AI와 언어학의 융합이 창출하는 새로운 가치

앞서 언급한 사례들은 하나의 공통된 흐름을 보여 준다. 바로 AI 기술이 사람과 정보 사이의 장벽을 허물고, 소통 방식을 혁신하고 있다는 점이다. 챗봇 덕분에 기업은 24시간 고객 상담이 가능해졌고, 언론사는 뉴스 기사를 즉각 생성하여 정보를 신속하게 전한다. 의료 분야에서도 AI는 방대한 의학 데이터를 분석하여 질병을 감지하거나 진료 기록 및 영상 자료를 해석해 의료진의 의사 결정을 보조한다.

언어학의 틀 위에 구축된 AI 기술은 다른 분야의 지식과 정보까지 더해 새로운 가치를 창출한다. AI와 언어학의 융합은 고객 응대, 의료, 미디어 외에 교육, 법률, 금융, 제조 등 여러 산업 전반에 걸쳐 영향력을 확대하며 새로이 탈바꿈할 것으로 예상된다.

참고문헌

네이버 스마트스토어센터 커머스 솔루션 마켓.
https://solution.smartstore.naver.com/ko/home

루닛. https://www.lunit.io/ko

장형태전략팀(2024.1.13). “본지, 국내언론 최초 생성형AI 활용 기사 작성”. 조선일보 사보DB. https://archive.chosun.com/sabo/sabo_ReadBody_s.jsp?D=13&ID=202401130102

정욱(2024.3.18). “매경 모든 기사 영어·일어·중국어로 실시간 번역”. 매일경제. https://www.mk.co.kr/news/notice/10967590

최태범(2024.2.19). “취향 데이터 25억개 확보한 에이블리… AI 추천 기술 더욱 강화”. 머니투데이. https://news.mt.co.kr/mtview.php?no=2024021917324839859

한국일보(2024.4.18). “[알립니다] “반갑게, 더 높게” … 한국일보, AI 순직 이어 자체 개발 AI 도구 ‘하이(H.AI)’ 공개”. https://www.hankookilbo.com/News/Read/A2024041811450001134

Kim, Y. et al.(2025). VocalAgent: Large Language Models for Vocal Health Diagnostics with Safety-Aware Evaluation. https://doi.org/10.48550/arXiv.2505.13577

NOOM. https://www.ko-noom.com/kr

Moses, L.(2017.9.14). The Washington Post's robot reporter has published 850 articles in the past year. Digiday. https://digiday.com/media/washington-posts-robot-reporter-published-500-articles-last-year/

WashPostPR(2017.6.22). The Washington Post leverages artificial intelligence in comment moderation. The Washington Post. https://www.washingtonpost.com/pr/wp/2017/06/22/the-washington-post-leverages-artificial-intelligence-in-comment-moderation/

10
초고도 AI를 위한 언어학

AI가 언어를 유창하게 구사하는 시대에 과연 기계는 인간처럼 언어를 이해한다고 말할 수 있을까? 대규모 언어 모델은 문법적으로 정교한 문장을 만들어 내지만, 실상 맥락과 의도를 파악하는 능력에서는 여전히 한계를 보인다. AI가 문화와 상식까지 반영하여 언어를 이해하기 위해서는 AI 기술과 언어학의 긴밀한 협력이 필수적이다.

종교와 AI?

LLM, 언어를 진정 이해하는가?

뛰어난 언어 처리 능력을 보여 주는 대규모 언어 모델(LLM, Large Language Model)은 정말 인간의 언어를 이해하고 구사하는 걸까? 언어 모델이 인간의 언어 수준과 얼마나 비슷한가에 대한 논의가 분분하다. 이 주제에 학자마다 다른 의견을 내놓는데, LLM의 언어 능력을 형식적 능력(Formal Competence)과 기능적 능력(Functional Competence) 중 어느 쪽에 주안점을 두는가에 따라 견해가 달라진다.

'형식적 언어 능력'이란 문법과 어휘를 포함한 언어의 구조적 규칙을 내면화하여 문법에 맞는 문장을 생성하는 능력을 의미한다. 반면에 '기능적 언어 능력'은 실질적인 맥락 속에서 의사소통을 위해 언어를 사용하는 능력을 일컫는다. 기능적 언어 능력 관점에서는 문법적 정확성보다 실제 사용된 언어가 맥락에 적합해야 진정한 언어 능력을 갖추었다고 본다.

근래 LLM이 생성한 결과를 살펴보면 LLM은 형식적 언어 능력에서 인간과 비슷한 수준의 성과를 보인다. 방대한 데이터로 학습된 모델은 인간의 언어 구조와 문법 규칙을 체계적으로 습득하고 문법적 오류가 없는 문장을 만든다. 게다가 언어 모델은 복잡한 문장 구조나 긴 텍스트를 생성할 때도 문법적 일관성을 유지하며 문장 내 문법 오류를 식별하고 이를 수정하는 기능도 수행한다.

최신 언어 모델의 능력이 초기 모델보다 상당히 발전되었음에도 아직 인간만큼의 기능적 언어 능력을 갖추었다고 보기에는 다소 무리가 있다(Mahowald et al., 2024). LLM은 학습된 데이터에 기반하여 텍스트를 처리하기 때문에 의사소통 상황과 같이 예상치 못한 일이 일어날 수 있는 상황에 대처하는 언어적 유연성이 부족하다. 또한 농담, 반어법, 풍자, 은유 표현 등 발화자의 감정이나 태도, 표면적으로 드러나지 않는 발화 의도를 간파하려면 상황적 맥락을 폭넓게 고려해야 하는데, LLM은 이 부분에서 미흡하다. 학습한 지식을 주변 상황과 연결하는 능력이 인간에 미치지 못하여 맥락을 토대로 한 의미 해석과 함의 추론에 뚜렷한 한계점을 보인다.

LLM이 갖는 특징을 근거로 언어학자 에밀리 벤더(Emily M. Bender)는 LLM이 확률적 앵무새(Stochastic Parrot)에 불과하다고 비판했다(Bender et al., 2021). 그는 LLM은 표면적으로 자연어를 이해하는 듯 보이지만 실제로는 통계적 패턴에 따라 피상적인 언어 패턴을 인식하는 데 의존하며, 언어가 갖는 진정한 의미를 꿰뚫는 수준에는 도달하지 못한다고 지적했다.

이 같은 비판은 기술의 한계를 지적하는 데 그치지 않는다. 오히려 이러한 한계 인식은 언어학과 AI 연구자를 주축으로 여러 영역의 전문가가 긴밀하게 협업해야 함을 부각한다. LLM이 언어적 패턴을 인식하는 데 뛰어나지만, 실제 환경을 이해하거나 예측하는 능력은 부족하다고 지적하며 얀 르쿵(Yann LeCun)은 세계 모델(World Model)의 필요성을 언급했다. 세계 모델은 인간과 비슷한 수준의 직관과 추론 능력 갖춘 모델로, 르쿵은 LLM의 한계를 뛰어넘기 위해 지금의 설계 구조와는 전혀 다른 접근 방식이 필요하다고 보았다(LeCun, 2022). 언어 모델이 현실 세계를 잘 이해하려면 인간이 세상을 이해하는 방식을 모델링해야 하는데(LeCun, 2023), 이는 AI 전문가의 노력만으로는 실현이 어렵다. 인간처럼 상황을 이해하고 추론하기 위해서는 인간 사회의 규칙과 지식, 그리고 인간의 사고 흐름을 반영해야 한다. 그리고 이 과정에서 언어학을 비롯한 인문학, 사회과학, 자연과학 등 다양한 분야의 전문가들이 힘을 합쳐야 한다. 학제적 지식을 조율하고 개발에 반영할 때 비로소 언어 모델은 뛰어난 추론 능력을 갖추게 되며 정교한 의사 결정과 문제 해결을 할 수 있을 것이다.

언어를 깊이 이해하기 위한 AI의 과제

AI가 인간처럼 생각하고 소통하는 고도화된 존재로 진화하려면 인간을 다른 존재와 구분 짓는 주요 능력인 '언어'를 통찰해야 한다. 생성형 AI(Generative AI)는 인간의 말을 잘 알아듣고 대답도 척척 하는 것처럼 보이기도 한다. 하지만 이러한 자연스러운 대화의 이면에는 매우 복잡한 언어 구조와 맥락을 처리하는 과정이 숨어 있다. 인간의 언어는 의사소통할 때 단어와 상황, 맥락, 감정 등이 어우러져 의미가 만들어지기 때문에 기계가 처리하기 까다로운 측면이 많다.

인간의 언어에는 다의어와 동음이의어, 관용어, 반어법, 비유 등 복잡한 표현이 많다. 그리고 이 표현들은 사전적 의미가 아닌 문맥과 상황을 고려해 해석해야만 의미 추론이 가능하다. 한국어로 '밥 먹었어?'는 식사 여부를 묻는 말이기도 하며 인사말로 쓰이기도 한다. 영어 표현 'break a leg'를 직역하면 '다리를 부러뜨리다'로 부정적인 의미를 내포하는 것 같지만 실제로는 상대방에게 행운을 비는 긍정의 의미를 지닌다. 한국어 감탄사 '아이고'는 영어에는 대응하는 표현이 없고 발화 상황마다 아쉬움, 반가움, 걱정과 같은 다양한 감정을 드러낸다.

언어의 문맥적 의미는 표면적으로 드러나는 문자 정

보와 다르다. 특히 유머와 농담은 AI가 언어를 완벽히 소화하기 어렵게 만드는 장벽이다. 한 연구 결과에 따르면 LLM은 훈련 데이터에서 학습한 농담의 구조를 반복해 농담을 만들어 내는데, 실제로 GPT-3.5가 생성한 농담은 90% 이상이 오직 25개의 패턴만 되풀이한 것으로 나타났다(Jentzsch & Kersting, 2023). 이는 언어 모델이 농담의 의미를 해석했다기보다는 표면적 패턴에만 의존하고 있음을 시사한다.

언어 이해는 텍스트가 가진 표면적 의미를 해석하는데 그치지 않는다. 의사소통 맥락에서 적합한 의미를 선택하고, 화자의 의도와 감정을 읽어 내는 것을 뜻한다. 행간에 숨은 의미를 찾을 때 비로소 '언어의 이해' 수준에 이르렀다고 보며, 이 지점에서 AI와 인간의 언어와 인지 능력의 차이를 근본적으로 확인할 수 있다. 다시 말해, 인간과 기계가 원활히 소통하려면, AI는 복잡한 언어 표현을 면밀히 해석하고 상황에 맞춰 응답하는 수준에 도달해야 한다.

더 나아가 언어는 의미 전달 매개체로 기능하며 동시에 문화와 밀접한 관련을 맺고 있다. 언어는 특정 문화권 내에서 독자적인 의미 체계를 형성하는데 동일한 표현도 문화적 배경에 따라 전혀 다르게 풀이되기도 한다.

'밥 먹었어?'라는 질문은 한국 사회에서 인사말로 쓰이고, '머리가 작다'라는 표현은 '뇌가 작아 멍청하다'라는 의미가 아니라 '외모가 준수하다' 또는 '예쁘다'를 뜻한다. AI가 문화적 맥락을 포착하지 못하면, 출력 결과가 부정확해지고 경우에 따라서는 무례하거나 모호하게 받아들여지는 등 오해를 초래할 수도 있다.

이러한 문제점을 보완하려면 AI는 언어학적 특성은 물론 문화적 배경과 사회적 맥락을 폭넓게 반영한 데이터로 학습이 이루어져야 한다. 이는 언어학자와 AI 연구자가 함께 노력해야 함을 의미한다. 인간의 언어 이해와 생성 수준에 초고도 AI가 도달하려면 두 학문의 전문가가 그에 맞는 언어 데이터를 마련해야 한다. 이 데이터는 특정 언어나 집단에 편향되지 않아야 하며, 세상을 살아가는 데 기본이 되는 상식도 포함해야 한다. AI가 학습할 언어 데이터 자체의 품질을 향상하고 신조어와 고유 명사 등 새로운 데이터를 언어 모델에 주기적으로 추가 학습시킬 필요도 있다. 또한 LLM의 맥락 이해도를 높이기 위해 텍스트 데이터 외 비정형 데이터를 이용해 맥락을 판단할 수 있도록 해야 한다. 이와 같은 노력이 지속될 때, AI는 문자에 내포된 의미까지 확실히 파악하는 언어 능력을 갖춘 존재로 진화할 것이다.

AI의 설명 가능성을 향해, 언어학이 필요한 이유

오늘날의 LLM은 대부분 블랙박스(Black Box) 형태로 작동한다. '블랙박스'는 언어 모델이 언어를 생성하고 처리하는 과정에서 메커니즘이 작동하는 방식을 설명하지 못하는 상황을 뜻한다. 그래서 AI 연구자는 결과물로만 모델의 작동 원리를 추측한다. 출력 결과를 명확하게 설명하지 못한다는 점은 고도화된 AI의 설계나 신뢰 가능성에 큰 제약이 된다. 따라서 향후 AI는 결과가 어떤 과정을 거쳐 도출되었는지를 설명하는 '설명 가능성(Explainability)'을 갖춘 모델로 진화할 필요가 있다. 이를 실현하기 위한 대안 중 하나는 바로 '뉴로 심볼릭 AI(Neuro-symbolic AI)'다. '뉴로 심볼릭'이란 신경망의 학습 능력과 기호화한 인간의 지식을 함께 활용하여 논리적 추론 능력과 문제 해결력을 높이는 방식이다. 이 접근은 통계적 학습과 기호 기반의 언어 규칙을 결합하여 언어 모델이 출력한 결과의 생성 원리를 체계적으로 설명할 가능성을 열어 준다.

머신 러닝(Machine Learning)과 딥 러닝(Deep Learning) 기법이 발달하기 전, 심볼릭 AI(Symbolic AI) 시대에는 언어학자와 같은 도메인 전문가의 지식이 핵심적이었다. 당시의 자연어 처리 시스템은 규칙 기반이었기 때문에 전문가는 손수 언어 구조를 정의하고 이를 알고리즘에 반영하고자 했다. 그러다 머신 러닝과 딥 러닝 기술의 발달로 피처 엔지니어링(Feature Engineering)과 대규모 데이터 기반 학습이 중심이 되었고, 언어학자를 포함한 특정 도메인 전문가의 역할이 점차 축소되었다. 이후 딥 러닝 기술이 충분히 발전하고 AI가 보다 성숙한 모델로 진화하려는 요구가 커지면서, 언어학적 지식과 개별 언어의 구조를 포괄한 접근이 다시금 대두되고 있다.

뉴로 심볼릭 AI는 규칙 기반의 심볼릭 AI와 데이터 중심의 머신 러닝 및 딥 러닝 기법을 결합하여 장점을 극대화한다. 인공 신경망 기술로 많은 양의 데이터를 짧은 시간에 처리하며, 기호화한 규칙이 갖는 명확한 논리를 근거로 모델의 결과와 추론 과정도 설명한다. 이 방식은 사전에 정립된 규칙의 틀에서 결괏값을 풀이해 AI의 신뢰성과 투명성을 높인다는 강점이 있다.

뉴로 심볼릭 AI를 만드는 데에는 여러 분야 전문가의 지식이 필요하다. 특히 AI가 특정 언어에서 더 뛰어난 성능을 발휘하려면 그 언어만의 고유한 특성을 이해하고 반영해야 하며, 따라서 이에 능한 언어학자의 참여가 절실하다. 언어학자는 개별 언어의 규칙과 구조에 식견을 가지고 있어, 기존 데이터 중심의 알고리즘이 간과하는 점들을 보완할 수 있다. 그런 점에서 초고도 AI가 인간과 비등한 수준의 언어 능력을 갖추고 해당 언어의 문화적 맥락을 소화하는 존재로 나아가기 위해서는, 언어학이라는 고유한 학문이 주축이 되어야 한다.

언어학과 나란히 진화하는 AI

AI는 단순 도구를 넘어 일상 속 동반자로 자리 잡고 있다. 언어 또한 의사소통 수단이 아닌 인간과 AI 사이를 연결하는 교두보로 새로운 역할을 부여받았다. 인간과 AI가 공존하는 시대에 언어는 정보 전달의 매개체로 역할이 한정되기보다는 기계와 인간 사이의 상호 작용을 이끄는 핵심 매개체로 거듭나고 있다.

AI 시스템 개발에 언어학자가 개입하는 것은 단지 모델 성능을 개선하기 위해서만은 아니다. 언어는 인간의 사고방식, 정체성, 감정 그리고 상황적 맥락을 투영하는 복합적인 체계이므로, AI가 생성하는 언어에 이러한 속성을 적용하려면 언어의 구조와 기능을 깊이 이해하는 전문가의 지식이 필수다. 인간의 사고와 사회적 맥락을 응용한 AI는 단순 명령 수행을 지나 사용자와 감정을 교류하는 상호 작용을 실현할 것이다.

언어학자는 저자원 언어 자료를 구축하고, 언어 데이

터에 내재한 편향과 언어 자원 간 불균형을 해소하면서 언어의 다양성과 공정성을 확보할 수 있다. 더불어 언어학적 지식 체계를 토대로 AI의 내부 작동 원리를 해석하고, 그 결과물을 인간이 이해할 수 있는 방식으로 설명함으로써 신뢰도 높은 AI 개발까지 끌어낼 전망이다.

시대적 전환 속에서 AI가 인간의 언어를 한층 자세히 이해한 초고도 AI로 발달하려면 언어학의 통찰이 그 어느 때보다 필요하다. 이제 우리는 AI와 함께 살아가는 미래로 전진하고 있으며, 그 여정에서 언어학은 과거에 머문 학문이 아닌 첨단의 AI를 이끄는 나침반이 될 것이다.

참고문헌

Bender, E. M. et al.(2021). On the dangers of stochastic parrots: Can language models be too big?. *Proceedings of the 2021 ACM Conference on Fairness, Accountability, and Transparency*, pp.610~623.

Jentzsch, S. & Kersting, K.(2023). ChatGPT is fun, but it is not funny! Humor is still challenging Large Language Models.

LeCun, Y.(2022.6.27). A path towards autonomous machine intelligence version 0.9.2. *Open Review, 62*(1), pp.1~62.

LeCun, Y.(2023). Lots of confusion about what a world model is. LinkedIn.
https://www.linkedin.com/posts/yann-lecun_lots-of-confusion-about-what-a-world-model-activity-7165738293

223931904-vdgR/
Mahowald, K. et al.(2024). Dissociating language and thought in large language models. *Trends in cognitive sciences, 28*(6), pp.517~540.

이은송

경북대학교 영어영문학과 박사과정 재학 중이다. 영어 교육 전공자로 약 10년간 교육 현장에 몸담았다. 인공지능 기술이 일상에 깊이 자리 잡고, 소프트웨어 교육이 필수 교과목으로 전환되는 흐름 속에서 인공지능이라는 새로운 학문 분야에 관심을 두게 되었다. 자연어 처리라는 새로운 세부 전공의 신설로 인문대 내 컴퓨터공학을 연구하는 첫 번째 박사과정생이 되었다. 벤치마크와 언어 데이터를 기반으로 대규모 언어 모델의 성능을 분석하는 연구를 수행했으며, 인공지능 모델이 인간의 언어 표현을 얼마나 이해하고 있는지 평가하고자 했다. 최근에는 언어의 의미론적 구조를 표현하여 언어 모델이 해석하도록 돕는 지식 그래프와 트랜스포머 구조를 주로 연구하고 있다. 교육학, 언어학, 그리고 인공지능 세 분야의 경계를 넘나들며 인공지능 시대에 언어학을 비롯한 인문학이 나아갈 길을 모색하고 있다.